Luiz Roberto da Costa Júnior

O SACRIFÍCIO DE DUAS TORRES NO XADREZ

2ª Edição Revista
e Ampliada

EDITORA
CIÊNCIA MODERNA

O Sacrifício de Duas Torres no Xadrez – 2ª Edição Revista e Ampliada

Editor: Paulo André P. Marques
Produção Editorial: Dilene Sandes Pessanha
Capa: Cristina Satchko Hodge
Diagramação: Carlos Arthur Candal
Copidesque: Equipe Ciência Moderna

FICHA CATALOGRÁFICA

COSTA JÚNIOR, Luiz Roberto Guimarães da.

O Sacrifício de Duas Torres no Xadrez – 2ª Edição Revista e Ampliada

Rio de Janeiro: Editora Ciência Moderna Ltda., 2021.

1.Xadrez
I — Título

ISBN: 978-65-5842-104-7 CDD 794.1

Editora Ciência Moderna Ltda.
R. Alice Figueiredo, 46 – Riachuelo
Rio de Janeiro, RJ – Brasil CEP: 20.950-150
Tel: (21) 2201-6662/ Fax: (21) 2201-6896
E-MAIL: LCM@LCM.COM.BR
WWW.LCM.COM.BR **09/21**

Para as Duas Torres Sacrificadas
(+ 11/09/2001)

Sumário

Prefácio

O livro *Take My Rooks* (Seattle, International Chess Enterprises, 1991), do GM Yasser Seirawan e do MI Nikolay Minev, é uma coleção de mais de uma centena de partidas com o tema do sacrifício de duas torres. Inspirado pela "Imortal" (A. Anderssen - L. Kieseritzky, Londres 1851), Minev convenceu Seirawan a escrever sobre esta rara, mas extraordinária idéia tática. Ambos os autores resolveram fazer uma pesquisa a fim de publicar o primeiro livro dedicado à combinação onde um jogador sacrifica ambas as torres na 1ª fila. O mundo do xadrez começou a prestar atenção nessa ideia tática extraordinária após a referida partida, embora o tema já tivesse ocorrido anteriormente, mas sem chamar tanto atenção em duas partidas: T. Bowdler - H. Conway, Londres 1788 e W. Schwartz - L. Kieseritzky, Paris 1842.

O tema tem uma mística especial, pois o jogador abre mão de praticamente 1/3 de sua força (duas torres valem 10; a dama, 9 e as quatro peças menores, 12). Esta combinação é tão rara de acontecer que muitas vezes um jogador pode tentar de tudo para torná-la uma realidade. Não é um sacrifício por razões posicionais, assim sendo, as variantes concretas devem ser decisivas. Segundo os autores afirmam: *"This is when a player must enter a dream world, a world of fantasy, where he may come out a magician"*.

A fantasia é um espelho que gira para lados opostos, pois tanto pode construir a imagem de um sonho como levar ao pesadelo da destruição. Ao pensar o mundo real, é significativa a inimaginável queda das Torres Gêmeas (*Twin Towers*) em 2001 nos EUA. Um paralelo importante pode ser feito em relação ao xadrez e serve aqui de reflexão. O governo Bush apresentava uma posição ideológica clara e esta influenciava a sua visão de mundo, a tal ponto de desconsiderar dados concretos da realidade para uma análise, principalmente se estes dados estivessem em contradição com seu modo de agir e pensar (basta lembrar a Grande Recessão iniciada em 2008). Em 06 de agosto de 2001, o presidente Bush recebeu um relatório cujo título era "Bin Laden Determinado a Atacar os EUA". No entanto, o processo de tomada de decisão dele foi prejudicado por uma posição estática em enfrentar uma crise que demandava medidas dinâmicas. Ele não tinha um plano estratégico claro, a posição defensiva era vulnerável por causa da ação descoordenada das várias agências que não compartilhavam informações. Ao permitir que as defesas do país fossem invadidas e as "torres tomadas", ou seja, derrubadas em 11 de setembro (5 semanas depois), os EUA trouxeram perplexidade, insegurança e incerteza ao mundo real. O mundo do xadrez tem 64 casas. As torres estão nos 4 cantos e são referências importantes para a estabilidade da posição, apesar de seus lances lentos na 1ª fila, durante a abertura, visando o roque e a segurança do rei. A harmonia das peças permite formular um plano para prosseguir a partida, mas ao retirar ambas as torres, as referências mudam completamente e a posição toma um rumo para um rápido desfecho, que pode ser inesperado, tal como no mundo real. Vale lembrar, a título de reflexão, os dois versos finais do poema "Elegia 1938" de Carlos Drummond de Andrade (no livro *Sentimento do Mundo* de 1940):

Aceitas a chuva, a guerra, o desemprego e a injusta distribuição
porque não podes, sozinho, dinamitar a ilha de Manhattan.

Introdução

O GM Yasser Seirawan e o MI Nikolay Minev no livro *Take My Rooks* classificam o sacrifício de duas torres em duas categorias: a) o Método Bruto é aquele em que as torres são capturadas em lances consecutivos e as variantes ganhadoras são forçadas. O mais importante é a precisão de cálculo nesta sequência de lances; b) o Método Calmo é aquele onde há possibilidade de defesa intermediária antes da captura da segunda torre e, além disso, essa segunda captura não é obrigatória.

Várias considerações importantes a respeito do mencionado livro são necessárias: 1ª) vários autores ao longo do século XX escreveram artigos em revistas sobre o sacrifício de duas torres, muitas vezes repetindo as mesmas 20-25 partidas mais importantes; 2ª) os autores do livro *Take My Rooks* fizeram uma ampla e respeitável busca em fontes primárias para localizar e ampliar o conhecimento sobre o sacrifício de duas torres e organizar pela primeira vez em livro; 3ª) na época do lançamento do livro *Take My Rooks* (1991), não havia possibilidade de uso de computador para checar as variantes e as avaliações; 4ª) os autores do livro *Take My Rooks* fizeram uso das análises originais, mas sem revisá-las ou reavaliá-las; 5ª) há a inexplicável omissão da partida Yusupov - Morenz, Graz 1981 que está no Informador 32/(546), fato mencionado por mim em artigo em espanhol para a revista colombiana *Ajedrez Universal* nº 27 (1993), p. 58; 6ª) há a inclusão da partida supostamente ganha por Robert Steel (1839-1903) contra um jogador desconhecido N. N. (No Name) em Calcutá 1886 e que, na verdade, nunca existiu. O holandês Gerard Welling demonstrou que a suposta partida nada mais é do que uma variante de análise de 1887 (uma carta de Steel datada de 1º de novembro de 1887 foi publicada no *The International*

Chess Magazine de Steinitz em janeiro de 1888). A partida que realmente foi jogada é Steel - Ross, Calcutá 1885, mas que terminou em empate e foi publicada no *The International Chess Magazine* de Steinitz em janeiro de 1885 sob o título de *Chess in Calcutta.* Toda a história sobre a partida verdadeira e a diferença sobre a partida inventada pode ser lida em inglês no *Open Chess Diary* 61-80 (2000) de Tim Krabbé, publicado na Internet como item 72 (do diário) em 27 de setembro de 2000, sob o título de *Oh, Calcutta.* *

O presente livro é uma seleção de partidas sobre o tema do sacrifício de duas torres, o qual também me fascina, pois a "Imortal" também me inspirou a jogar xadrez. As análises e os comentários visam levar ao leitor um mundo do xadrez que raramente ocorre, mas que pode ocorrer (tal qual no mundo real): o rei no centro, a falta de coordenação na defesa, a peça mais poderosa, que é a dama, fica isolada e não participa do jogo diante do sacrifício das duas torres, muitas vezes não tendo certeza qual será o desfecho da batalha. Aos interessados em ter acesso às partidas do livro original, sem análise, basta baixá-las pela Internet em *Seirawan: Take My Rooks.* **

A segunda edição do presente livro começa com a partida Yusupov, Morenz, Graz 1981 e, ao longo das outras 50 partidas, será analisado o tema do sacrifício de duas torres. O grande interesse teórico na abertura pode ser visto na Defesa Francesa, na Siciliana Sveshnikov e no Gambito Letão. Ao final, são mencionadas à parte, por causa do interesse histórico, mais 4 partidas: as três partidas mencionadas no Prefácio e a controversa partida mencionada nesta Introdução. Ao final, o leitor terá um teste com 12 exercícios de partidas reais para colocar em prática o tema do sacrifício das duas torres.

* http://www.xs4all.nl/~timkr/chess2/diary_4.htm

** http://www.queensac.com/chessblog/bookgames/seirawan/takemyrooksb.htm

PARTIDAS

Yusupov - Morenz [D85]

Graz, 1981

No livro Secrets of Opening Preparation, Mark Dvoretsky menciona a importância da consulta constante a diversas fontes, tais como livros, revistas e o Informador. Ao ler um livro (edição russa) das melhores partidas de Rashid Nezmetdinov (1912 - 1974), Dvoretsky encontrou uma partida jogada durante uma simultânea em Kazan 1951 (como o nome do jogador não ficou registrado após a simultânea, utiliza-se N. N. = No Name). Dvoretsky trabalhou a partida como uma posição crítica no lance 7 e no lance 13 com seu, então, aluno Artur Yusupov, como menciona no livro Secrets of Opening Preparation (pp. 104–106). Este acabou tendo a oportunidade de usar a lição em uma partida prática. **1.d4 ♘f6 2.c4 g6 3.♘c3 d5 4.cxd5 ♘xd5 5.e4 ♘xc3 6.bxc3 c5**

Normalmente, as pretas optam primeiro por desenvolver o bispo por g7 para rocar pequeno. **7.♗b5+ ♘c6** [A resposta correta é desenvolver o bispo antes do cavalo na variante: 7...♗d7 8.♗e2 **a)** 8.♗xd7+ ♕xd7 *(8...♘xd7 9.♘f3 ♗g7 10.0-0 0-0 11.♖b1 ♕c7 12.♗g5±* Papaioannou - Azmaiparashvili, Bled (ol) 2002*)* 9.♘e2 ♗g7 10.0-0 0-0 *(10...cxd4 11.cxd4 0-0=)* 11.♗e3 cxd4 12.cxd4 ♘c6 13.d5 ♘e5 14.♗d4 ♖fc8 15.♖c1 ♕b5= Lavrentev - Romanov, URSS 1960; **b)** 8.♗c4 ♗g7 9.♘e2 ♘c6 10.0-0 0-0 11.♗e3 ♖c8 12.♖c1 e6= Knaak -Ulhmann, Leipzig 1973; 8...♗g7 9.♘f3 cxd4 10.cxd4 ♗c6 11.♕d3 f5!? *(11...0-0 12.0-0 e6 13.♖b1±)* 12.exf5 ♕a5+ 13.♗d2 ♕xf5 14.♕xf5 gxf5 15.♖c1 ♗d5 16.♖c5 *(16.♘e5 0-0=* Blees - Ernst, Wijk aan Zee 1992*; 16.♗c4 ♗xf3 17.gxf3 ♘c6 18.d5 ♘d4 19.♗e3 ♖d8=* Aseev - Mikhalchishin, Brno 1991*)* 16...e6 17.♖c7 0-0= Sokolov - Ftácnik, Haninge 1989] **8.d5!± ♕a5?!** [A melhor alternativa para as pretas, agora, é jogar 8...a6 9.♗e2 ♘a5 10.♗e3 e6 11.♘f3 exd5 12.exd5 b6 13.0-0 ♗g7 14.♕a4+ ♗d7 15.♕e4+ ♕e7 16.♕xe7+ ♔xe7 17.♖ac1 *(17.♖ab1 ♗b5! 18.♗xb5 axb5 19.♖xb5 ♘c4 20.♘d2 ♘xd2 21.♗xd2 ♖xa2=* Sokolov - Olafsson, Novi Sad (ol) 1990*)* 17...♖he8 18.c4±] **9.♕a4! ♕xc3+ 10.♔e2 ♗d7** [As pretas oferecerão mais resistência se completarem o desenvolvimento da ala do rei com 10...♗g7 11.dxc6 0-0 12.♖b1± Beliavsky - Mikhalchishin, Terme Zrece (Eslovênia) 2003] **11.dxc6 bxc6 12.♗xc6 ♖d8**

13.♕b3!!+− [Após 13.♖b1? ♕d3+! (as brancas ficaram com um peão a menos, após a troca forçada de damas) 14.♔xd3

♗xc6+∓ na partida Isakov - Nikitin, URSS 1947] **13...♕xa1** [Se 13...♕xb3? 14.♗xd7+ ♖xd7 15.axb3+− e as brancas ficam com um cavalo de vantagem.] **14.♗b2 ♕b1 15.♘f3!** [Agora, as brancas coordenam o ataque de dama e peças menores.] **15...♕xh1 16.♘e5 e6 17.♗xd7+ ♖xd7 18.♕b8+ ♖d8** [Se 18...♔e7 19.♘c6#] **19.♕b5+ ♔e7 20.♕b7+ ♔f6** [Se 20...♔d6 21.♘c4#] **21.♕xf7+ ♔g5 22.♘f3+** e as pretas abandonaram diante do mate inevitável. A partida de Nezhmetdinov na simultânea em Kazan, em 1951, prosseguiu com 22...♔h5 23.g4+! ♔xg4 24.♕xe6+ ♔f4 25.♗e5+ ♔xe4 26.♘g5# **1-0**

Chandler, Murray - Nogueiras, Jesus [C18]

Leningrado, 1987

Um estudo teórico sobre o sacrifício das duas torres numa variante conhecida da Defesa Francesa. **1.e4 e6 2.d4 d5 3.♘c3 ♗b4 4.e5 ♘e7 5.a3 ♗xc3+ 6.bxc3 c5 7.♕g4 0-0 8.♘f3 f5 9.exf6 ♖xf6 10.♗g5 ♕a5 11.♗xf6 ♕xc3+**

12.♔d1 [A outra variante principal é extremamente complexa de ser jogada: 12.♔e2!? ♘g6 13.♖c1 gxf6 14.h4 ♘c6 15.h5 e5 16.♕g3 e4 17.hxg6 exf3+ 18.♔d1 ♗f5 *(18...♕xd4+? 19.♗d3 ♗f5 20.♖h4+−* Hellers - Arencíbia, Gausdal 1986*)* 19.♖xh7 ♕xd4+ *(19...♗xc2+? 20.♖xc2 ♕xd4+ 21.♔c1 ♕a1+ 22.♔d2 ♕d4+ 23.♗d3 ♘e5 24.♖c3+−* Almási - I. Almási, Kecskemet 1993*)* 20.♗d3 ♘e5 *(20...♗xd3? 21.♖h8+! ♔g7 22.♕c7++−)* 21.♖h4 ♗g4 22.gxf3 ♗xf3+ *(22...♘xd3? 23.♖h8+!+−* Lau - Hertneck, BRD 1987*)* 23.♔d2 (23.♔e1 ♕b2! 24.♖d1 ♘xd3+ 25.♔f1 ♗xd1! *(25...♘e5? 26.♖h8+! ♔g7 27.♖h7+ ♔g8 28.♕h3+−)* 26.♖h8+ ♔g7 27.♖h7+ ♔g8=) 23...♘c4+ *(23...♗g4? 24.♖h8+! ♔xh8 25.♕h4+ ♔g7 26.♕h7+ ♔f8 27.g7+ ♔e7 28.g8♕+ ♔d6 29.♕xa8 ♘f3+ 30.♔e2 ♘h2+ 31.f3 ♕e5+ 32.♔d1+−)* 24.♔e1 ♖e8+!? 25.♔f1 ♘d2+

26.♔g1 ♕e5!? 27.♖h7 ♕xg3+ 28.fxg3 c4 29.♗f1 d4 30.♖c7±]
12...♕xa1+ 13.♔d2 ♘g6

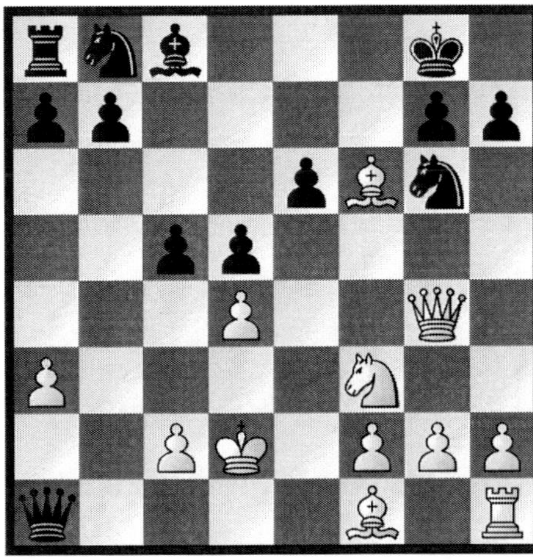

14.♗d3 [A outra opção é fazer um rápido avanço do peão de torre com 14.h4 c4 15.h5 c3+ 16.♔e2 ♗d7 (16...b6 17.♘e1 (Também, pode-se jogar *17.♘e5 ♗a6+ 18.♘d3* para chegar à mesma posição) 17...♗a6+ 18.♘d3 ♗xd3+ 19.♔xd3 ♕e1 20.♗g5 ♘f8 21.♕e2 ♕a1 22.h6 ♘bd7 23.hxg7 ♔xg7∞) 17.♘e5 ♗b5+ 18.♘d3 ♘d7 (Sieiro-González - Arencíbia, Cuba (ch) 1986) 19.♕xe6+ ♔h8 20.hxg6 ♘xf6 21.♖xh7+ ♘xh7 22.♕h3 ♗xd3+ 23.♔xd3 *(23.cxd3 ♖e8+ 24.♔f3 ♔g8 25.♕xh7+ ♔f8 26.♕h8+ ♔e7 27.♕xg7+ ♔d8 28.♕xb7=)* 23...♕xf1+ 24.♔xc3 ♕c4+ 25.♔b2 ♕xd4+ 26.♔a2 ♕c4+=]
14...♕xh1

15.♗xg7 [A outra opção é primeiro tomar o cavalo com 15.♗xg6 gxf6 16.♕h4 **a)** 16.♗e8+? ♔f8 17.♕h5 ♔e7 18.♕f7+ ♔d8 19.♗a4 ♘d7!-+ *(19...♕xg2? 20.♕xf6+ ♔c7* (Kupreichik - Kosten, Minsk 1986) *21.♕e5+! ♔b6 22.dxc5+! ♔xc5=)*; **b)** 16.♗xh7+ ♔xh7 17.♘h4 ♕xh2 18.♕g6+ ♔h8 19.♕e8+ ♔g7 20.♕e7+ 1/2 - 1/2 J. Díaz - Arencibia, Cuba (ch) 1986; 16...hxg6 17.♕xf6 ♕a1 (Se 17...♕xg2, como na partida Balashov - Bareev, URSS 1987, as brancas podem seguir com perpétuo após 18.♕d8+ ♔g7 *(18...♔f7 19.♘e5+ ♔g7=)* 19.♕e7+ ♔g8=) 18.♕d8+ ♔g7 19.♕e7+ ♔g8 20.♕e8+ ♔g7 21.♕e7+ ♔g8 22.♕d8+ ♔g7= Blatny - Szymczak, Trnava 1987] **15...♔xg7 16.♗xg6 hxg6 17.♘e5 ♔f8 18.♕xg6 ♔e7 19.dxc5 ♔d8 20.♕f6+ ♔c7 21.♕e7+ ♗d7 22.♕d6+ ♔c8 23.♕f8+ ♔c7 24.♕d6+ ½-½**

Wach - Speckner [B33]

Alemanha, 1995

A conhecida variante teórica do sacrifício das duas torres na Siciliana Sveshnikov que empata, mas com as pretas podendo recusar e obter vantagem para jogar o final após a troca de damas. **1.e4 c5 2.♘f3 ♘c6 3.d4 cxd4 4.♘xd4 ♘f6 5.♘c3 e5 6.♘db5 d6 7.♗g5 a6 8.♗xf6 gxf6 9.♘a3 b5 10.♘d5 f5 11.exf5 ♗xf5 12.♕f3?!**

[A variante principal é desenvolver com 12.c3 Δ ♘c2-e3] **12...♘d4! 13.♘c7+** [Se 13.♕d1? ♗e4∓ Yanofsky - Spraggett, Montreal 1976] **13...♕xc7 14.♕xa8+ ♔e7 15.c3** [Se 15.♖d1? ♘xc2+ 16.♘xc2 ♗xc2∓ Armando - Yusupov, Insbruck 1977] **15...b4!**

16.cxb4 [Se 16.cxd4? bxa3-+] **16...♕b6** [Também conhecido é 16...♗h6 17.♕xa6 **a)** 17.♕xh8? ♕b7! 18.♗b5 *(18.♗c4 ♕xg2-+* Kottke - Von Herman, BL2-Nord 2004*)* 18...♕e4+ 19.♔f1 axb5-+; **b)** 17.♕d5? ♗e6 18.♕e4 *(18.♕a5 ♕b7!-+)* 18...♗c1!!-+; 17...♖b8 18.♗c4! ♗e4 *(18...♖xb4 19.0-0 ♗c8 20.♕a8 ♗b7 21.♕g8 ♖xc4 22.♘xc4 ♕xc4⩲)* 19.♗b3! *(19.f3?? ♖a8-+* Hiarcs - Léotard, corr. 2000*)* 19...♗xg2 20.♖g1 ♘f3+ 21.♔e2∞] **17.♗xa6** [Se 17.b5? ♕a5+ 18.♔d1 ♗h6 (ameaçando mate de dama em d2) 19.♘c4 ♗c2#] **17...♕xb4+**

18.♔f1 [Se 18.♔d1? ♕a4+ 19.♔e1 ♕a5+-+] **18...♛d2** [É melhor trocar as damas e jogar o final com 18...♕xb2! 19.♕b7+ ♕xb7 20.♗xb7 d5!! (lance do programa de computador que mostra como é o xadrez moderno baseado na avaliação de variantes concretas) 21.♖d1 *(21.♗xd5 ♔f6!-+; 21.♖c1 ♔f6! 22.♖c3 ♗b4 23.♖e3 ♖d8!-+* ∆ ♖d7*; 21.f4 ♔d7 22.♖e1 ♗xa3 23.♖xe5 ♔c7!∓)* 21...♔d7! *(21...♔f6 22.♘b1 ♗b4⩳* Brusila - Larsson, corr. 1993*)* 22.♘b1 (22.♗xd5 ♗xa3 23.♗xf7 *(23.♗b3 ♔e7-+)* 23...♗c2! 24.♖d2 ♖c8-+) 22...♗c2! 23.♘c3 (23.♖c1 ♗d3+ 24.♔e1 *(24.♔g1? ♘f3+! 25.gxf3 ♖g8#)* 24...♗h6!-+ ∆ ♖b8) 23...♗b4! 24.♖xd4 exd4 25.♘xd5 ♗a5∓⊞∆ ♖b8] **19.h4** [Também é jogável 19.h3 ♗d3+ (19...♗h6 20.♕b7+ *(20.♕xh8?? ♗d3+! 21.♗xd3 ♕xd3+ 22.♔g1 ♘e2+ 23.♔f1 ♘g3+ 24.♔g1 ♗f4!!-+)* 20...♔f6 21.g4!?∞) 20.♗xd3 ♕xd3+ 21.♔g1 ♗h6 22.♕b7+ *(22.♕xh8? ♘e2+!-+* (∆ ♗f4) Gaprindashvili - Matveeva, URSS (ch) 1974*)* 22...♔f6 23.♖e1 *(23.♖h2? ♖b8!!-+* Klokov - Lomov, URSS 1973*)* 23...♘e2+ 24.♔f1=] **19...♝h6** [Também é jogável 19...♗d3+ 20.♗xd3 ♕xd3+ 21.♔g1 ♖g8!?⩳ *(*mas, é um erro jogar *21...♗h6? 22.♕b7+ ♔f6 23.♖h3!+−* Ginburg - Sakhnenko, URSS (corr.) 1976*)*] **20.♕b7+** [As brancas não devem aceitar o sacrifício da segunda torre com 20.♕xh8 ♕xb2! *(20...♗d3+ 21.♗xd3 ♕xd3+ 22.♔g1 ♘e2+ 23.♔f1=)* 21.♖e1 *(21.♖d1 ♕xa3 22.♕a8 ♗d3+ 23.♔g1 ♗xa6 24.♖h3 ♕xa2∓)* 21...♕xa3 22.♖xe5+ dxe5 23.♕xe5+ ♘e6 24.♕e2 ♕c1+ 25.♕e1 ♕c5∓] **20...♔f6 21.♖h3** [Seria um erro jogar 21.♖e1?? ♖c8!-+; merece atenção 21.♔g1!? ♗c8 22.♕b6 ♗e3 23.fxe3 ♕xe3+ 24.♔f1 ♕f4+ 25.♔e1 ♕e3+=] **21...♝xh3 22.gxh3 ½-½**

Atars - Strat [C40]

corr., 1973

Um estudo teórico sobre o sacrifício das duas torres numa variante conhecida do Gambito Letão. **1.e4 e5 2.♘f3 f5 3.♗c4 fxe4** [Se 3...b5?! 4.♗xg8 ♖xg8 5.♕e2 ♕e7 *(5...♕f6 6.♘c3±)* 6.0-0± (É melhor completar o desenvolvimento na ala do rei do que tomar diretamente o peão com 6.♕xb5 ♘c6 7.♕d5 fxe4 8.♘xe5? *(8.♕xe4±)* 8...♕xe5! 9.♕xg8 ♘b4∓ Siegers - Purins, corr. 1971)] **4.♘xe5 ♕g5** [Outra opção é jogar 4...d5 5.♕h5+ g6 6.♘xg6! ♘f6 7.♕e5+ ♗e7 8.♕xe7+ ♕xe7 9.♘xe7 ♔xe7 10.♗f1 ♘c6 *(10...♖g8 11.♘c3 ♘c6 12.b3 ♘b4 13.♗a3 c5 14.0-0-0±)* 11.b3 ♔f7 12.♗b2 ♘b4 13.♘a3±] **5.d4! ♕xg2 6.♕h5+ g6 7.♗f7+ ♔d8 8.♗xg6 ♕xh1+ 9.♔e2**

9...c6 [A outra possibilidade é tomar o bispo branco com 9...♕xc1 10.♘f7+ ♔e8 *(10...♔e7 11.♕e5#)* 11.♘xh8+ hxg6 *(11...♔d8 12.♕h4+ ♘e7 13.♕f6+−)* 12.♕xg6+ ♔d8 13.♘f7+ ♔e7 14.♘c3 ♕xc2+ 15.♔e1 d6 *(15...c6 16.♘d6! ♘f6 17.♘f5++−; 15...♘f6 16.♘e5!* 1-0 Liso - Gasca, corr. 1972/1973*)* 16.♘d5+! ♔d7 *(16...♔e8 17.♘e5++−)* 17.♕xg8 ♕xb2 **a)** 17...♘a6 18.♖d1! (18.♘d8 ♔xd8 19.♕xf8+ ♔d7

20.♕e7+ ♔c6 21.♘e3 ♕a4 22.♕e8+ ♗d7 23.♖c1+ ♘c5 24.♕xe4+ ♔b5 *(24...♔b6 25.dxc5+±)* 25.♖xc5+ dxc5 26.♕xb7+ ♔a5 27.♕xa8±) 18...e3 19.♘xe3 ♕e4 20.♕xf8 b5 21.♕d8+ ♔c6 22.♖c1+ ♔b6 23.♘xd6!+−; **b)** 17...e3 18.fxe3 ♗e7 *(18...♕xh2 19.♕g4++−; 18...♕xb2 19.♖d1±)* 19.♘g5± Δ ♕e6, ♘xe7; 18.♖d1 ♕a3 **a)** 18...♘a6 19.♕h7! ♔c6 *(19...♗e7 20.♘d8!!+−)* 20.♘d8+!! ♔b5 *(20...♔xd5 21.♕g8++−)* 21.♕xe4+− Δ ♖b1; **b)** 18...e3 19.fxe3 ♕xh2 *(19...♕a3 20.♔f1!+−; 19...♔c6 20.♘d8+!! ♔b5 21.♕h7+− Δ ♖b1)* 20.♕g4+ ♔e8 *(20...♔c6 21.♖c1++−)* 21.♕xc8+ ♔xf7 22.♕xc7++−; 19.♕g4+ ♔e8 (19...♔c6 20.♘d8+!! ♔b5 *(20...♔xd5 21.♕g8++−)* 21.♕xc8+−) 20.♕xc8+ ♔xf7 21.♕f5+ ♔e8 22.♘xc7+ ♔d8 23.♘xa8 ♗e7 24.♕xe4±]

10.♘c3

10...♘f6 [Perderia rápido 10...e3 11.♘f7+! (11.♗xe3? ♕xa1! 12.♕g5+ (A ordem dos lances também pode ser *12.♘f7+ ♔c7 13.♕g5 ♗e7!,* chegando à mesma posição analisada) 12...♔c7 13.♘f7 ♗e7! 14.♗f4+ ♔b6! 15.♘a4+ ♔a6!=) 11...♔c7 12.♕h4!+− Δ ♕g3+, ♗e4; × ♕h1; há o sacrifício da segunda torre na sequência 10...♔c7 11.♗f4! ♕xa1 12.♘xd7+ ♔xd7

13.♕f5+ ♔d8 14.♕xf8+ ♔d7 15.♕e8# 1-0 Atars - Tomson, Corr. 1973] **11.♕g5!**

11...♖g8 [As outras opções perdem rapidamente: 11...♗e7 12.♘f7+ ♔e8 *(12...♔c7 13.♗f4++−)* 13.♘xh8+ hxg6 14.♕xg6+ ♔d8 *(14...♔f8 15.♗h6#)* 15.♘f7++−; 11...♔e7 12.♗f4 ♕xa1 13.♘xe4 (13.♘xc6+ dxc6 *(13...♘xc6 14.♘d5+ ♔d8 15.♗c7#; 13...bxc6 14.♗d6+ ♔d8 15.♕a5#)* 14.♕e5+ ♔d7 15.♕c7+ ♔e6 16.♕f7#) 13...♗g7 14.♘g4 ♖f8 15.♕e5+ 1-0 Keffler - Etienne, corr. 1975] **12.♕xf6+ ♗e7** [12...♔c7 13.♗f4+−] **13.♕f7! ♖xg6** [13...♖f8 14.♕xf8+! ♗xf8 15.♗g5++−] **14.♗g5!**

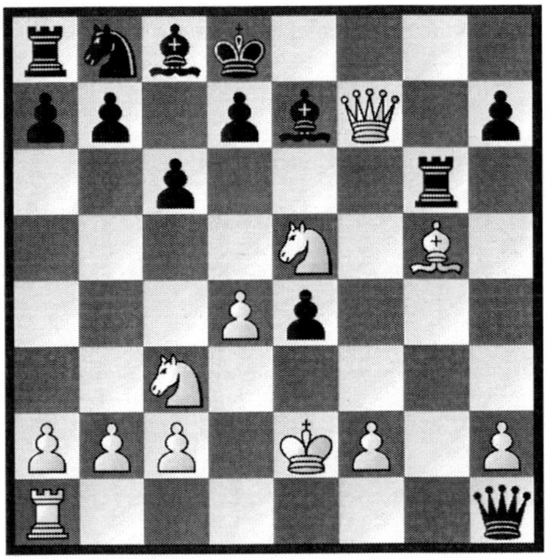

14...♕xa1 [14...♕f3+ 15.♘xf3 exf3+ 16.♔f1 ♖xg5 *(16...♗xg5 17.♕xh7+−)* 17.♖e1+−] **15.♕xe7+ ♔c7 16.♕d8+ ♔d6 17.♘c4+ ♔e6 18.♕e7+ ♔f5 19.♕e5+** [Havia mate em um lance com 19.♘e3#!] **19...♔g4 20.♕f4+ 1-0**

Euwe - Reti [C56]
Amsterdã (m/1), 1920

Euwe ensaia uma variante na abertura da primeira partida do match que é prontamente refutada por Reti. **1.e4 e5 2.♘f3 ♘c6 3.♗c4 ♘f6 4.d4 exd4 5.0-0 ♘xe4 6.♖e1 d5 7.♗xd5 ♕xd5 8.♘c3 ♕a5**

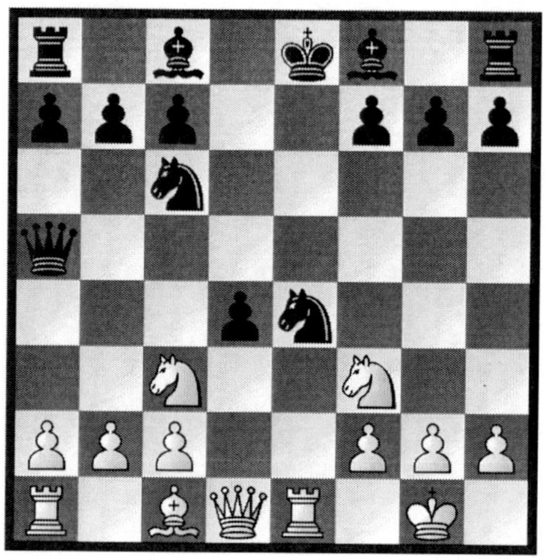

9.♘xd4? [A moderna teoria de aberturas recomenda 9.♘xe4 ♗e6 10.♘eg5 0-0-0 11.♘xe6 fxe6 12.♖xe6 ♗d6 13.♗g5 ♖de8=] **9...♘xd4 10.♕xd4 f5∓** [Refutação do lance 9 das brancas com a ideia de jogar a dama em c5.] **11.♗g5** [11.♗f4 ♕c5∓] **11...♕c5-+** [Obviamente, é um erro jogar 11...♗c5?? 12.♕xg7 ♗xf2+ 13.♔h1 ♕b4 14.♘d5 1-0 Euwe - Kroone, Amsterdã (m/3) 1919; as pretas também ganham com 11...♔f7 12.♘xe4 fxe4-+ Semkov - Pinter, Varna 1977] **12.♕d8+ ♔f7 13.♘xe4** [13.♖ad1 ♗e6-+ Zichner - Kouba, corr. 1984] **13... fxe4 14.♖ad1 ♗d6!** [14...♗g4 15.♕xa8 ♗xd1 16.♖xe4 ♗h5 17.♕xb7 ♔g8 18.♗e3 *(18.♗d2 ♕xc2 19.♗c3 ♕b1+ 20.♖e1 ♕xa2 21.♕xc7 h6∓ Δ ♔h7)* 18...♕xc2 0-1 Kruger - Reti, Mannheim 1914] **15.♕xh8 ♕xg5 16.f4** [16.g3 ♕h5-+] **16...♕h4 17.♖xe4 ♗h3**

18.♕xa8 ♗c5+ 19.♔h1 [19.♖ed4 ♗xd4+ 20.♔h1 *(20.♖xd4 ♕e1#)* 20...♗xg2+ 21.♔xg2 ♕g4+ 22.♔f1 ♕f3+ 23.♔e1 ♕f2#] **19...♗xg2+ 20.♔xg2 ♕g4+ 21.♔f1 ♕f3+ 22.♔e1 ♕f2# 0-1**

Reti - Euwe [A83]
Amsterdã (m/2), 1920

Euwe é surpreendido na abertura e perde ainda mais rapidamente na segunda partida do match. Realizado em Amsterdã, o match de quatro partidas terminou com a vitória de Reti por 3–1. Kasparov analisou a única vitória de Euwe logo no começo do livro Meus Grandes Predecessores (volume 2). **1.d4 f5 2.e4** [Uma curiosa miniatura mostra a força do bispo branco em e6: 2.♗g5 d5 3.c4 dxc4 4.e3 ♗e6 5.♘d2 ♘f6 *(5...♘c6!?)* 6.♘gf3 ♘e4 7.♘xe4 fxe4 8.♘d2± ♕d5? *(8...c5!?)* 9.♗xc4+− ♕xg5 10.♗xe6 ♕xg2 11.♕h5+ g6 12.♕d5 ♗g7 13.♕xb7 1-0 Whitehead - Kobernat, Los Angeles 1983] **2...fxe4 3.♘c3 ♘f6 4.♗g5 g6 5.f3 exf3 6.♘xf3 ♗g7** [Outra alternativa é 6... d5 7.♗d3 *(7.♗b5+ c6 8.♗d3 ♗g7∞)* 7...♗g7 8.♕e2 *(8.0-0 ♘c6 9.♕d2 0-0 10.♖ae1 ♘b4 11.♘e5 ♘xd3 12.♕xd3 ♗f5∓* Euwe - Tartakower, Den Haag 1921*)* 8...♘c6 9.0-0-0 ♘b4 10.♖he1 (Vaganian - V. Kovacevic, Match URSS - Iugoslávia, 1975) 10...0-0= Δ ♘xd3] **7.♗d3 c5 8.d5 ♕b6**

9.♕d2 ♕xb2? [Era melhor manter a posição aguda com roque para alas opostas após 9...0-0 10.0-0-0⩲] **10.♖b1!± ♘xd5**

[Outra alternativa era 10...♕a3 11.♘b5 ♕xa2 12.0-0 0-0 13.d6±] **11.♘xd5! ♕xb1+ 12.♔f2**

[Ao aceitar a segunda torre, as pretas permitem um ataque coordenado de dama e peças menores contra um rei no centro sem defesa.] **12...♕xh1** [Se 12...♕xa2 13.♘xe7!+− Δ ♖e1; Se 12...♕b2 13.♘xe7!+− Δ ♖e1] **13.♗xe7** [As brancas também ganhariam com 13.♘c7+ ♔d8 *(13...♔f7 14.♕f4++−; 13...♔f8 14.♗xe7+ ♔xe7 15.♕g5++−)* 14.♗xe7+! ♔xc7 (14...♔xe7 15.♕g5+ ♔d6 *(15...♗f6 16.♘d5++−)* 16.♕f4+ ♔c6 *(16...♔e7 17.♘d5++−)* 17.♘b5!+−) 15.♕f4+ ♔b6 16.♕d6+ ♘c6 *(16...♔a5 17.♕xc5++−)* 17.♕xc5+ ♔c7 18.♗d6+! ♔d8 19.♕g5+ ♔e8 20.♗xg6+! hxg6 21.♕xg6+ ♔d8 22.♕xg7+−] **13...d6** [Se 13...♕a1 14.♗d6!+− Δ ♕e3+] **14.♗xd6!+− ♘c6 15.♗b5 ♗d7** [Se 15...h6 16.♘c7+ ♔d8 17.♗xc5+ ♗d7 18.♗xc6 bxc6 19.♕d6+−] **16.♗xc6 bxc6 17.♕e2+** E as pretas abandonam, pois, se agora 17...♔f7, segue 18.♘g5+! com ataque de mate. **1-0**

Gaprindashvili - Servaty [B39]

Dortmund, 1974

As pretas cometem um erro no lance 11 e perdem um peão, mas não se contentam em jogar o final com um peão a menos, embarcando numa continuação que termina de forma fulminante após o sacrifício das duas torres. **1.e4 c5 2.♘f3 ♘c6 3.d4 cxd4 4.♘xd4 g6 5.c4 ♗g7 6.♗e3 ♘f6 7.♘c3 ♘g4 8.♕xg4 ♘xd4 9.♕d1 e5 10.♘b5 0-0**

11.♗e2 ♕h4? [O correto seria jogar 11...♕a5+=] **12.♘xd4 exd4 13.♗xd4± ♕xe4** [As pretas deveriam jogar o final com um peão a menos na variante 13...♗xd4 14.♕xd4 ♖e8 15.♗f3 b6 16.0-0 ♗b7 17.g3± Δ ♖ad1] **14.♗xg7 ♕xg2 15.♕d4!!**

[O início de um ataque fulminante contra o rei preto.] **15...♕xh1+ 16.♔d2 ♕xa1** [Se 16...♕c6 17.♗xf8 ♔xf8 18.♖e1!!+−; se 16...♕xh2 17.♗f3!+−] **17.♕f6!+−** Δ ♗h6 **1-0**

Tal - Paehtz [B39]

Halle, 1974

A inovação de Tal no lance 12 é muito importante para a teoria da abertura. Esta partida foi jogada alguns meses depois da partida anterior de Gaprindashvili. Tal conhecia a partida e o tema do sacrifício das duas torres com o lance de dama em d4. **1.e4 c5 2.♘f3 ♘c6 3.d4 cxd4 4.♘xd4 g6 5.c4 ♗g7 6.♗e3 ♘f6 7.♘c3 ♘g4 8.♕xg4 ♘xd4**

9.♕d1 e5 [A variante mais popular é 9...♘e6] **10.♘b5 0-0 11.♕d2 ♕e7 12.♗e2!?** [As outras opções das brancas não conseguem vantagem na abertura: 12.f3 ♘xb5 13.cxb5 d5! 14.exd5 *(14.♕xd5 ♗e6≌)* 14...e4≌; 12.0-0-0 ♘xb5 13.cxb5 d5! 14.exd5 ♖d8 *(14...♗f5 15.♗d3 e4 16.♗e2 ♖fd8 17.♔b1 ♕e5≌* M. Petrov - M. Turner, Berliner Sommer 1998*)* 15.d6 ♕e6= (Δ ♗f8) Anka - Silman, Budapeste 1994] **12...b6** [Outras opções que devem ser consideradas são: 12...♘xe2 13.♕xe2 ♕b4+ *(13...b6 14.0-0-0±)* 14.♗d2! ♕c5 *(14...♕xb2? 15.♕d1! Δ ♗c3)* 15.0-0-0±; 12...♘xb5 13.cxb5 d6 14.0-0 ♗e6 15.♖fd1 ♖fd8 16.♕b4±] **13.♘xd4 exd4 14.♗xd4 ♕xe4** [Era melhor jogar agora 14...♗xd4!? 15.♕xd4 ♗b7 16.f3 f5 17.c5!? bxc5

18.♗c4+ d5 19.♗xd5+ ♗xd5 20.♕xd5+ ♔g7 21.0-0 ♖ad8 22.♕b3 fxe4 23.♖ae1±] **15.♗xg7 ♕xg2** [Oferecia maior resistência 15...♔xg7 16.0-0±] **16.♕d4!!**

16...♕xh1+ 17.♔d2 ♕xh2 [Se 17...♕xa1 18.♕f6!+− Δ ♗h6; se 17...♕c6 18.♗xf8 ♔xf8 19.♖e1!!+−] **18.♗xf8 ♔xf8 19.♗f3!+− d5** [Se 19...♕h6+ 20.♔c3+−] **20.♗xd5 ♖b8 21.♖e1 ♗e6 22.♖xe6 1-0**

Shishkin - Ghelbak [C12]
São Petersburgo, 1889

Uma posição da abertura, onde a troca de damas favorece as pretas para o final, é recusada em busca do ganho das duas torres e isso acaba permitindo um ataque coordenado de dama e peças menores por parte das brancas. **1.e4 e6 2.d4 d5 3.♘c3 ♘f6 4.♗d3 ♗b4 5.♗g5 dxe4 6.♗xe4 c5**

7.♘f3 [7.dxc5 ♕xd1+ 8.♖xd1 ♘bd7=; 7.♘ge2 cxd4 8.♗xf6 ♕xf6 9.♕xd4 ♕xd4 10.♘xd4 ♘d7=] **7...cxd4** [7...♗xc3+ 8.bxc3 ♕a5 9.♗xf6 ♕xc3+ 10.♘d2 gxf6 11.dxc5 f5 *(11...♕xc5 12.0-0⩲)* 12.0-0! 0-0 *(12...♕xc5 13.♖e1 0-0 14.♘b3⩲)* 13.♗f3 ♕xc5 14.♘b3⩲] **8.♘xd4** [8.♗xf6 ♕xf6 9.♕xd4 ♕xd4 10.♘xd4=] **8...♗xc3+ 9.bxc3 ♕a5 10.♗xf6 ♕xc3+ 11.♕d2 ♕xa1+** [As pretas conseguem um final com melhores perspectivas após a troca de damas: 11...♕xd2+! 12.♔xd2 gxf6 13.♘b5 (13.♖ab1- sugestão de Minev no livro French Defense, New and Forgotten Ideas com avaliação de posição favorável para as brancas - 13...♘a6! (ao mencionar este lance para o GM Seirawan, em e-mail trocado com ele, este confirmou que a posição continua favorável para as pretas)

14.♔e3 *(14.♗xb7? ♗xb7 15.♖xb7 0-0-0!∓; 14.♖hd1 ♖g8!∓* Δ *♘c5)* 14...♘c5 15.♗f3 ♖g8!∓ Δ ♖g5) 13...♘a6 14.♘d6+ ♔e7 15.♘xc8+ ♖axc8 16.♗xb7 ♖cd8+∓ Honfi - Lengyel, Budapeste 1957] **12.♔e2⩲ ♕xh1?** [Era necessário recusar a segunda torre e jogar 12...♕b2 13.♗xg7 ♖g8 14.♕h6 ♘c6 15.♖d1 ♗d7 16.♘xe6! ♕b5+ 17.♗d3⩲ Δ ♗h7-g8] **13.♘xe6!+−**

[Posição final na partida 1-0 Brask - Gustafsson, Attleboro 1943] **13...♗d7 14.♘xg7+ ♔f8 15.♕d6+** [Havia mate em cinco lances com 15.♘e6+ fxe6 16.♕d6+ ♔g8 17.♕g3+ ♔f7 18.♕g7+ ♔e8 19.♕e7#] **15...♔g8 16.♘e6 ♗b5+ 17.♔f3 ♗e2+ 18.♔xe2 1-0**

Hauptova - Wagnerova [D39]
Tchecoslováquia, 1954

Uma posição teórica onde há o sacrifício de duas torres e que é muito similar à Defesa Francesa já vista na partida anterior. As únicas diferenças após o lance 13 (em ambas as posições) são que na Defesa Francesa, o peão branco está em c2 e o bispo branco está em e4 e aqui, no Gambito de Dama, o peão branco está em e4 e o bispo branco está em c4. **1.d4 d5 2.c4 e6 3.♘c3 ♘f6 4.♘f3 ♗b4 5.♗g5 dxc4 6.e4 c5 7.♗xc4 cxd4 8.♘xd4 ♕a5 9.♗xf6 ♗xc3+ 10.bxc3 ♕xc3+ 11.♕d2 ♕xa1+?** [Era necessário recusar o sacrifício de torre e trocar as damas com 11...♕xd2+ 12.♔xd2 gxf6 13.♘b5 ♘a6 14.♖ac1⩲ *(14.♘d6+ ♔e7 15.♘xc8+ ♖hxc8 16.♗xa6 bxa6 17.♖hc1 ♖ab8⩱ ⊥)*] **12.♔e2 ♕xh1 13.♘xe6!+−**

13...fxe6 [As outras opções também perdem rapidamente: 13...♘c6 14.♘xg7+ ♔f8 15.♕d6+ ♔g8 16.♕g3 ♔f8 17.♘f5+−; 13...♘d7 14.♘xg7+ ♔f8 15.♕d5 1-0 H. Muller - W. M., corr. 1934] **14.♕d8+ ♔f7 15.♕e7+ ♔g6 16.♕xg7+ ♔h5 17.♕g5#** [Também havia mate com 17.g4#] **1-0**

Alekhine - Levenfish [A43]
São Petersburgo, 1912

As brancas colocam um peão em e6 na abertura conseguindo vantagem de espaço para coordenar a ação das peças brancas e restringir a movimentação das peças pretas. **1.d4 c5 2.d5 ♘f6 3.♘c3 d6 4.e4 g6 5.f4 ♘bd7** [O normal é jogar 5...♗g7 para rocar pequeno.] **6.♘f3 a6?!** [6...♕c7!? 7.♕e2±] **7.e5 dxe5** [7...♘h5 8.e6! fxe6 9.dxe6 ♘df6 10.♘g5±] **8.fxe5 ♘g4**

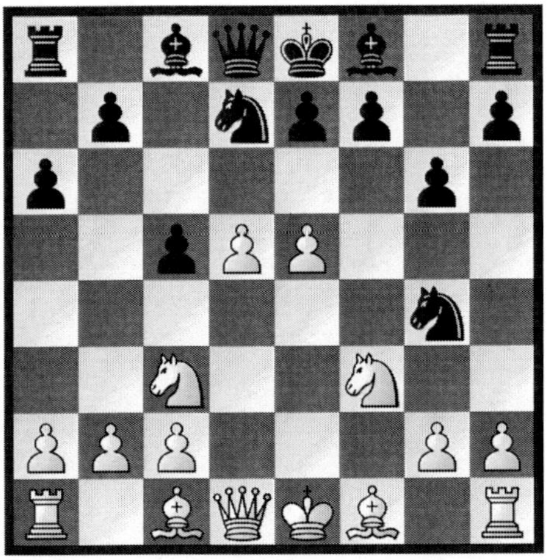

9.e6! ♘de5 10.♗f4 [10.h3 ♘xf3+ 11.♕xf3 ♘e5 12.♕e4 ♗g7 13.♗f4±] **10...♘xf3+** [10...♗g7 11.h3±] **11.gxf3 ♘f6 12.♗c4** [12.exf7+ ♔xf7 13.♕d2 b5 14.0-0-0±] **12...fxe6 13.dxe6 ♕b6 14.♕e2 ♕xb2** [14...♗g7 15.0-0-0±] **15.♘b5!+−**

15...♕xa1+ [Recusar o sacrifício das duas torres também não ajuda muito após: 15...axb5 16.♗xb5+ ♗d7 *(16...♔d8 17.♖d1++−; 16...♘d7 17.♗e5+−)* 17.exd7+ ♔d8 18.0-0+−] **16.♔f2 ♕xh1 17.♘c7+ ♔d8 18.♕d2+ ♗d7 19.exd7 1-0**

Mokry - Pytel [C15]
Polanica Zdroj, 1984

As pretas não completam o desenvolvimento da ala do rei com o roque pequeno no lance 6 e começam a ter dificuldades ao ficar com o rei no centro sem rocar. As brancas conseguem infiltrar o cavalo em c7, via b5, sacrificando uma torre em a1. O sacrifício da outra torre em h1 ocorre para terminar o ataque.
1.e4 e6 2.d4 d5 3.♘c3 ♗b4 4.♘ge2 ♘f6 5.e5 ♘fd7 6.♕d3 [6.f4] **6...c5** [6...0-0=] **7.♕g3⩲ cxd4** [7...g6 8.a3⩲] **8.♕xg7 ♖f8 9.♘xd4 ♕b6** [9...♘c6 10.♘xc6 bxc6 11.♗d2±] **10.♗e3 ♗xc3+** [10...♘c6 11.♘xc6 ♗xc3+ 12.bxc3 ♕b2 13.♔d2 bxc6 14.♗e2±] **11.bxc3 ♕b2**

12.♘b5! ♕xa1+ 13.♔d2 ♘c6 [13...d4 14.♗g5!+−; 13... h6 14.♗c5 ♘xc5 15.♘d6+ ♔e7 16.♗b5+−] **14.♘c7+ ♔d8 15.♘xa8 ♘e7** [Se 15...♘cxe5 16.♗b5! ♘c4+ (As pretas levam mate se aceitam a segunda torre após *16...♕xh1 17.♕xf8+ ♘xf8 18.♗g5+ f6 19.♗xf6#)* 17.♔e2+−; oferecia maior resistência 15...d4!? 16.cxd4 ♘e7 (Δ ♘d5) 17.♕xh7±] **16.♗xa7+− ♘g6** [16...♘f5 17.♗d3+−] **17.♗d4 ♕xa2 18.♘b6 ♕b1 19.♘xd7 ♗xd7 20.♗d3 ♕xh1**

21.♗xg6 ♖e8 22.♗b6+ ♔c8 23.♗xf7 d4 24.♗xe8 dxc3+ 25.♔e2 ♗b5+ 26.♗xb5 1-0

Gurgenidze - Kapengut [A45]

URSS, 1975

As pretas cometem duas imprecisões na abertura permitindo que, primeiro, as brancas tenham vantagem posicional e, depois, coloquem um peão em e6, fazendo com que as pretas não tenham como coordenar as peças para defender o rei no centro. **1.d4 ♘f6 2.♗g5 c5!? 3.♗xf6 gxf6 4.d5 ♕b6 5.♕c1 f5 6.e3 ♗g7 7.c3 e6**

8.♘h3 h5?! [Melhor desenvolver com 8...♘a6!? 9.♘f4 ♘c7=] **9.♗e2** [9.♘a3⩲] **9...e5 10.f4 e4 11.♘a3⩲ ♕g6?!** [As pretas deveriam desenvolver com 11...d6!? Δ ♘d7] **12.♘b5 ♘a6 13.d6!± ♗f8** [Se 13...♕xg2 14.♖g1 ♕xh3 15.♖xg7±] **14.♕d2 ♕xg2** [As peças pretas estão sem coordenação para defender o rei e isso permite o sacrifício das duas torres.] **15.♕d5!+−**

15...f6 [Se 15...♕xh1+ 16.♔d2 ♕xa1 17.♘g5!+−] **16.♕xf5 ♕xh1+ 17.♔d2 ♕xa1 18.♕g6+ ♔d8 19.♕xf6+ ♔e8 20.♕e5+ ♔f7 21.♗c4+ ♔g6 22.♕g5+ ♔h7 23.♕f5+ ♔g7 24.♕f7+ 1-0**

Stein - Birbrager [B10]

Moscou, 1966

As pretas cometeram um único erro na abertura, no lance 11, ao não combater o cavalo branco centralizado em d4 e o peão branco em e6, que restringe a posição preta. Isso foi suficiente para permitir que o GM Stein sacrificasse as duas torres com uma sequência impressionante de lances. **1.e4 c6 2.d3 d5 3.♘d2 dxe4 4.dxe4 ♘f6** [Também jogável é 4...e5 5.♘gf3 ♕c7 *(5...♗c5? 6.♘xe5! ♗xf2+ 7.♔xf2 ♕d4+ 8.♔e1 ♕xe5 9.♘c4!±* Matulovic - Vukic, Iugoslávia (ch) 1972*)* 6.♗d3 *(6.a4 ♗g4 7.c3 ♘f6 8.h3 ♗h5 9.♕c2 ♘bd7=* (Δ ♗e7, 0-0) Kurajica - Böhm, Amsterdã 1976*; 6.♘c4 f6 7.♗d3 ♗e6 8.♕e2 ♘d7 9.0-0 0-0-0∞)* 6...♘d7 *(6...♘f6 7.0-0±)* 7.0-0±] **5.♘gf3 ♗g4 6.h3 ♗h5** [Outra opção é jogar 6...♗xf3 7.♕xf3 ♘bd7 8.♗e2 e6 9.0-0 ♕c7 10.a4± Hort - Pomar, Wijk aan Zee 1972] **7.e5 ♘d5 8.e6** [Se 8.♗e2 e6 9.0-0±] **8...f6** [Se 8...fxe6 9.♗e2 ♘f4 10.0-0±] **9.g4** [Outra opção é 9.♗c4±] **9...♗g6 10.♘d4 ♘c7**

11.c3 ♕d5? [As pretas deveriam pressionar o cavalo e o peão central das brancas com 11...♕d6 12.♕b3 c5!?∞] **12.♕b3!!± ♕xh1** [As brancas têm um final melhor após a troca de damas:

12...♕xb3 13.axb3 h5 *(13...♘ba6 14.f4±)* 14.f4±] **13.♕xb7** [As brancas ameaçam dar mate em c8.] **13...♔d8** [As peças pretas não conseguem coordenar a defesa do rei preto e as brancas precisam ativar as peças menores rapidamente para a dama coordenar o ataque.] **14.♘2f3! ♗d3 15.♗f4! ♕xf1+ 16.♔d2+− ♕xf2+** [As pretas levariam mate se aceitassem a segunda torre após 16...♕xa1 17.♕xc7+ ♔e8 18.♕c8#] **17.♔xd3 ♘xe6** [Se 17...♘ba6 18.♔c4+− Δ ♖d1] **18.♘xe6+ ♔e8 19.♕c8+ ♔f7 20.♘fg5+ 1-0**

Afifi - Beliavsky [A13]

Tunis (Interzonal), 1985

As brancas enfraquecem a casa b4 no lance 5 e as pretas conseguem vantagem na abertura. A troca dos bispos de casas brancas, logo depois, permite o controle da grande diagonal pela dama preta que coordena com o par de cavalos uma 'Busca Implacável' ao rei das brancas. **1.♘f3 d5 2.c4 e6 3.g3 dxc4 4.♗g2** [A teoria de aberturas recomenda 4.♕a4+ para tomar o peão em c4 com a dama] **4...a6 5.a4?!** [Este lance enfraquece a casa b4. Era necessário jogar agora 5.♕c2] **5...♘c6 6.a5 ♗b4 7.♘e5 ♘xe5 8.♕a4+ ♗d7 9.♕xb4 ♘e7∓ 10.f4?** [Era preciso jogar agora 10.♕c3 ♗c6! 11.♕xe5 ♗xg2 12.♖g1 f6 13.♕h5+ g6 14.♕h4 ♘f5 15.♕xc4 ♗d5∓ e as brancas ficariam com uma posição mais defensável do que na partida.] **10...♗c6! 11.♗xc6+** [Oferecia maior resistência 11.fxe5 ♗xg2 12.♖g1 ♗d5 13.♘a3 ♘c6 14.♕c3 ♕g5∓] **11...♘7xc6** [As brancas trocaram os bispos de casa branca e isso permite que as pretas, agora, controlem a grande diagonal com a dama em d5.] **12.♕c3** [As brancas não conseguem impedir que as pretas controlem a grande diagonal com a dama em d5, mesmo após 12.♕c5 b6! 13.axb6 cxb6 14.♕e3 ♘g4 15.♕f3 *(15.♕e4 ♘d4-+ Δ f5)* 15...♘d4! 16.♕xg4 ♘c2+ 17.♔f2 ♕d4+ 18.e3 ♕d5 19.♖f1 ♘xa1 20.♕xg7 0-0-0-+] **12...♕d5-+ 13.♖f1 ♘g4! 14.♕xg7 ♘xh2!**

[Agora, a dama preta coordena o ataque com o par de cavalos após o sacrifício das duas torres.] **15.♕xh8+ ♔e7 16.♕xa8 ♕g2 17.d3 ♘d4 18.♖f2 ♕g1+ 19.♔d2 ♘b3+ 20.♔c3 ♕xc1+ 21.♔b4 ♕xb2 22.e3** [A 'Busca Implacável' ao rei das brancas continuaria mesmo nas outras variantes: 22.♖a2 c5+ 23.♔a4 *(23.♔xc4 ♘xa5+ 24.♔xc5 b6#)* 23...b5+ 24.axb6 ♕xa2+ 25.♘a3 ♕d2-+; 22.♔xc4 ♕c2+ 23.♘c3 b5+ 24.axb6 *(24.♔b4 c5+ 25.♔a3 b4+ 26.♔a4 ♘xa1#)* 24...♘d2+ 25.♔b4 (25.♔d4 c5+!! 26.♔e5 *(26.♔e3 ♘g4#)* 26...f6#) 25...♕b2+-+] **22...♘d2+** [Ganharia mais rapidamente 22... c5+ 23.♔a4 (23.♔xc4 ♘xa5+! 24.♔xc5 *(24.♖xa5 ♕b4#)* 24...b6#) 23...♘d2!-+ e não há defesa para o mate] **23.♔c5 ♕b5+.** As brancas abandonam, pois as pretas têm mate em três lances: 24.♔d4 ♘hf3+ 25.♖xf3 ♘xf3+ (26.♔c3 ♕b3#) 26.♔e4 ♕d5# **0-1**

Craddock - Mieses [A25]

Londres, 1939

As brancas precipitam-se na abertura achando que ganhariam as duas torres e não percebem a vulnerabilidade do próprio rei no centro. **1.c4 e5 2.♘c3 ♘c6 3.g3 ♘f6 4.♗g2 ♗b4 5.e3 d6** [5...♗xc3 6.bxc3 e4 7.♕c2 ♕e7 8.f3 exf3 9.♘xf3 0-0 10.0-0 d6 11.♘d4 ♘e5 12.d3 c6= Wotulo - Andersson, Siegen (ol) 1970] **6.♘ge2 ♗g4 7.♕b3** [7.♘d5 ♗c5 8.0-0 0-0= Plater - De Graaf, Amsterdã 1965] **7...♖b8!? 8.♘d5** [8.0-0 0-0=; 8.h3 ♗d7=] **8...♗c5 9.♘xf6+ ♕xf6!**

10.♗xc6+? [As brancas caem na armadilha. Era necessário completar o desenvolvimento com 10.♘c3 0-0 11.0-0=] **10...bxc6 11.♕xb8+ ♔d7 12.♕xh8 ♕f3! 13.♔d1** [As pretas aproveitam as diagonais brancas sem defesa para um ataque de mate: 13.0-0 ♗h3-+; 13.♔f1 ♕xe2+ 14.♔g2 *(14.♔g1 ♗h3-+)* 14...♕f3+ 15.♔g1 ♗h3-+] **13...♕xe2+ 14.♔c2 ♕xc4+ 15.♔b1 ♕d3# 0-1**

Pietrzak - Kaszuba [B40]

Pila, 1980

Muito jogada na década de 1980 e 1990 por suas complicações táticas, esta abertura era conhecida como B40, mas foi recodificada para B41 pela ECO B (quarta edição, 2002). **1.e4 c5 2.♘f3 e6 3.d4 cxd4 4.♘xd4 ♘f6 5.♗g5?!** [É melhor jogar 5.♘c3 ♗b4 6.e5 ♘d5 7.♗d2 ♗xc3 *(7...♘xc3 8.bxc3 ♗e7 9.♕g4 g6 10.♕g3 0-0 11.♗h6 ♖e8 12.h4*± Δ h5*)* 8.bxc3 ♕c7 9.f4 a6 10.♕g4± 0-0 11.c4 *(11.♗d3±)* 11...♕b6 *(11...♘e7 12.♗d3±)* 12.f5! exf5? *(12...♕b2? 13.♗h6!!+−; 12...h5 13.♕h4 ♕b2 14.♖d1±)* 13.♘xf5+− ♕g6 14.♕f3 ♕e6 15.cxd5 ♕xe5+ 16.♔f2 ♕xa1 17.♗c3 ♕b1 18.♗d3 ♕b6+ *(*Se as pretas aceitam a segunda torre, não têm defesa contra o mate após *18...♕xh1 19.♘h6+ ♔h8 20.♕f5+−)* 19.♗d4 ♕b4 20.♕g4 1-0 Malishauskas - Evigelsky, URSS 1981] **5...♕a5+**

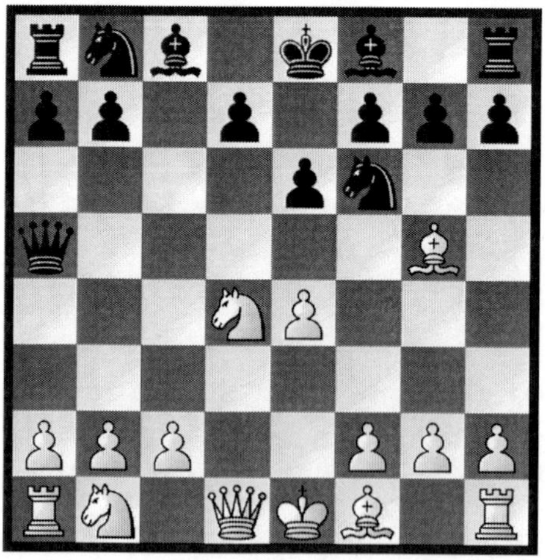

6.♕d2 [6.♗d2 ♕b6∓] **6...♗b4 7.c3 ♘xe4 8.cxb4 ♕xg5 9.♕c2** [9.♕xg5 ♘xg5 10.♘b5 ♘a6 11.♘1c3 f6 *(11...f5 12.♖c1 0-0∓)* 12.♖c1 ♘f7∓] **9...♘d6∓ 10.♘b5** [10.♘f3 ♕f4∓] **10...♘xb5!-+ 11.♕xc8+** [11.♗xb5 ♘a6!-+ Δ ♕xg2] **11...♔e7 12.♕xh8 ♕c1+**

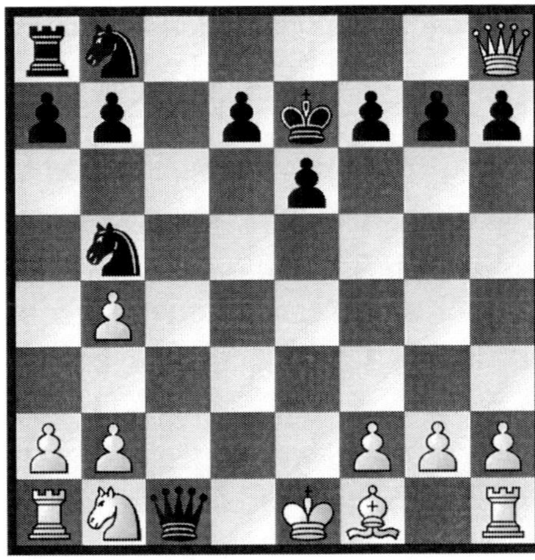

13.♔e2 ♘d4+ 14.♔d3 ♕c2+ 15.♔e3 ♘f5+ 16.♔f3 ♘c6 17.♕xa8 ♘e5+ 18.♔f4 ♘g6+ [As pretas dariam mate mais rapidamente com 18...♕xf2+ 19.♔xe5 *(19.♔g5 ♕h4#; 19.♔e4 ♕e3#)* 19...♕d4#] **19.♔f3 ♕d1+ 20.♗e2** [Se 20.♔e4 d5#] **20...♕d5+ 21.♔g4 ♕e4+ 0-1**

Rutherford - Andersson, E [C44]

Suécia, 1951

Interessante partida que discute a transposição de lances para outra abertura, assim como a existência de uma análise esquecida que acaba sendo recuperada e ocorrendo em partida real. **1.e4 e5 2.♘f3 ♘c6 3.c3 d5** [Uma curiosa miniatura com muitos erros foi jogada no século XIX: 3...♘f6 4.d4 d5 5.♗b5 ♘xe4 6.♘xe5 ♗d7 7.♕b3 ♘xe5 8.♕xd5 ♕e7 9.♕xb7?? *(9.dxe5 ♘c5=)* 9...♗xb5?? *(*Cegueira dupla, pois ambos não viram o lance *9...♘d3+!-+)* 10.♕xa8+ ♔d7 11.dxe5?? *(11.♕d5+!+−)* 11...♕xe5 12.♗e3 ♗c5!-+ 13.♕xh8 *(13.♕b7 ♗xe3 14.fxe3 ♕h5-+)* 13...♘xf2! 14.♔d2 ♗xe3+ 0-1 Wayte - Ranken, Londres 1890] **4.♗b5 dxe4 5.♘xe5**

5...♕d5 [As pretas saem um pouco melhor na abertura após 5...♕g5! 6.♕a4 (6.d4 ♕xg2 7.♖f1 ♗d6 8.♘xc6 *(8.♕h5 g6 9.♕h4 ♗xe5 10.dxe5 ♗d7∓* Velimirovic - Boudiba, Lucerna 1989 *)* 8...♗d7 9.♘xa7 ♖xa7 10.♗xd7+ ♔xd7∓) 6...♕xg2 7.♖f1?! *(*Oferece melhores perspectivas defensivas à variante *7.♗xc6+ bxc6 8.♕xc6+ ♔d8 9.♕d5+ ♗d6 10.♘xf7+ ♔e7 11.♕g5+ ♕xg5 12.♘xg5 ♗b7!∓* ⊡ Δ h6*)* 7...♗h3! 8.♗xc6+

bxc6 9.♕xc6+ ♔d8 10.♕xa8+ ♔e7 11.♔d1 ♕xf1+ 12.♔c2 ♗f5!∓ (Lance indicado por Minev e Filchev em 1951) 13.♕d5 *(13.♘a3 f6! 14.♘c6+ ♔f7 15.♘d4 ♕d3+ 16.♔b3 ♗g4 17.♘ac2 c5! 18.♕d5+ ♔g6*-+ Ma. Schäfer - Fleck, Alemanha 2002*)* 13...♘h6 14.b3 e3+! 15.d3 ♕xf2+ 16.♘d2 ♔f6 17.♕d4 *(17.♘ec4 exd2 18.♗xd2 ♗c5∓)* 17...c5! 18.♘d7+ ♔g5 19.♘xc5 ♗xc5!-+ (as pretas sacrificam a segunda torre) 20.♕xg7+ ♔h5 21.♕xh8 e2 22.♗b2 ♗e3 23.♕f6 e1♘+ 24.♖xe1 ♕xd2+ 0-1 Faas - Agapov, Leningrado 1986] **6.♕a4**

6...♘ge7 [Este lance transpõe para uma Ruy Lopez (C60). Seria um erro jogar agora 6...♕xe5? 7.♗xc6+ ♔d8 *(7...bxc6 8.♕xc6+ ♔d8 9.♕xa8 ♘f6 10.♘a3*+− Nikitin - Izvozchikov, URSS 1968*)* 8.♕xe4 ♕xe4+ 9.♗xe4± e as brancas ficam com um peão a mais.] **7.f4 ♗d7** [Outra alternativa é 7...exf3 8.♘xf3 a6 9.♗e2 ♗d7 10.0-0 0-0-0 11.d4 f6=] **8.♘xd7 ♔xd7**

9.0-0 [Uma curta partida, mas com muitos erros no século XIX, seguiu com 9.♗c4 ♕f5 10.♕b3 *(10.0-0 ♖d8 11.d4 exd3 12.♗xd3 ♕c5+ 13.♔h1 ♔c8 14.♕c2 g6 15.♘d2 ♗g7 16.♘e4 ♕d5 17.♖d1 ♖he8=)* 10...♘g6 11.♕xb7? *(11.0-0=)* 11...♘xf4 *(11...♖b8! 12.♕a6 ♖b6 13.♕a4 ♘xf4∓)* 12.0-0? *(12.♗b5!? ♘d3+ 13.♔d1 ♕g6∓)* 12...♕c5+! 13.d4 ♕xc4?? *(13...exd3+! 14.♔h1 ♘h3!!-+)* 14.♕xa8?? *(14.♗xf4!+−)* 14...♗c5! 15.♕xh8 ♘xd4! 16.♗e3 ♕e2 17.♕xg7 ♘f3+! 0-1 Blackburne - Burn, Londres 1870] **9...♘f5**

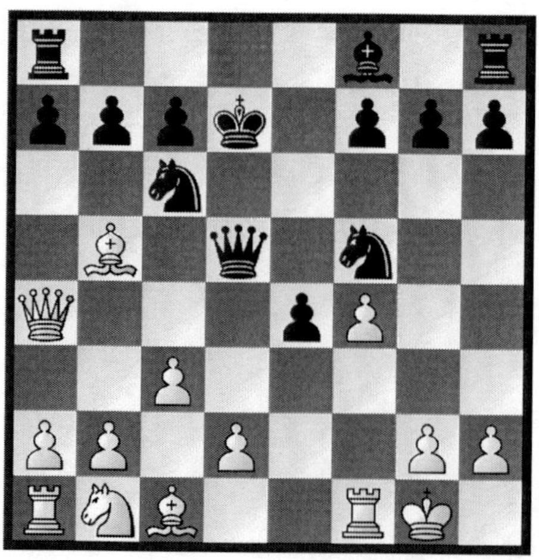

10.b4? [O correto é abrir as colunas centrais com 10.d4 exd3 11.♖d1 ♗c5+ 12.♔h1 ♔c8 13.♖xd3 ♕e6=] **10...a5!∓ 11.♔h1** [Se agora 11.d4 exd3 12.♗xd3 axb4!∓] **11...axb4!-+ 12.♗xc6+ bxc6 13.♕xa8** [Se 13.♕d1 ♖xa2 14.♖xa2 ♕xa2-+] **13...♗c5** [As pretas sacrificam a segunda torre.] **14.♕xh8 ♘g3+!**

A posição final desta partida já havia sido analisada pelo russo Emanuel Schiffers (1850-1904) no fim do século XIX. **0-1**

Gomes - Netto [C50]
Rio de Janeiro, 1942

Uma partida jogada no Brasil com um surpreendente lance de xadrez moderno para a época: o movimento da torre numa coluna fechada. **1.e4 e5 2.♘f3 ♘c6 3.♘c3 ♗c5 4.♗c4 d6 5.d3 ♗g4** [As pretas podem manter a simetria com 5...♘f6] **6.♗e3 ♘d4 7.♗xd4 ♗xd4 8.h3 ♗h5 9.♘b5 ♗b6 10.♕e2 ♘e7 11.0-0** [Devido ao que aconteceu na partida, fica claro que a opção de roque deveria ser para a outra ala com 11.g4 ♗g6 12.0-0-0 c6 13.♘c3 ♗a5=] **11...a6!? 12.♘a3** [Ainda era possível tentar trazer o cavalo para o jogo com 12.♘c3 ♗a7∓ Δ c6, b5] **12...♘g6∓ 13.g3** [13.c3 ♕f6∓] **13...♕f6 14.♔g2 ♖g8!!-+**

15.c3 ♘h4+ 16.gxh4 g5 17.♖g1 ♗xf3+ [Seria melhor jogar diretamente 17...gxh4+, mas, aí, não haveria a necessidade do sacrifício das duas torres.] **18.♕xf3 gxh4+** Se agora 19.♔h2 ♕xf3 20.♖xg8+ ♔e7 21.♖xa8 ♕xf2+ com ataque de mate após o sacrifício das duas torres. **0-1**

Shirov - Tomins [C59]
Riga, 1984

O jovem Shirov deveria ter trocado as damas no lance 18 para ter compensação pelo sacrifício de qualidade. Ao achar que ganhava as duas torres, ele não percebe um sutil ataque de mate que usa as diagonais brancas sem defesa. **1.e4 e5 2.♘f3 ♘c6 3.♗c4 ♘f6 4.♘g5 d5 5.exd5 ♘a5 6.♗b5+ c6 7.dxc6 bxc6 8.♗e2 h6 9.♘f3 e4 10.♘e5 ♕d4** [A teoria de aberturas recomenda 10...♗d6; e mais recentemente 10...♗c5!?] **11.f4 ♗c5 12.♖f1 ♕d8** [12...♗d6 13.c3 ♕b6 14.♕a4 0-0 15.b4 ♘b7 16.♕xc6± Estrin - Leonidov, URSS 1972] **13.c3 ♘d5** [13...♗b6!? 14.♕a4±] **14.g3 ♗h3 15.♕a4?** [15.b4!±] **15...♗xf1** [15...0-0!?∞] **16.♘xc6** [16.♔xf1 0-0!?∞] **16...♘xc6 17.♕xc6+ ♕d7!**

18.♕xa8+? [As brancas deveriam trocar as damas para ter compensação pelo sacrifício de qualidade após 18.♕xd7+ ♔xd7 19.♔xf1 f5 20.b4⩲⊞] **18...♔e7 19.♕xh8 ♗xe2!** [As pretas eliminam a defesa das brancas e coordenam o ataque de dama e peças menores contra o rei no centro e sem defesa.]

20.♕b8 [As brancas também estariam perdidas nas outras três variantes: 20.♕xg7 ♘f6! 21.♔xe2 ♕d3+ 22.♔d1 *(22.♔e1 ♕f3-+)* 22...e3!-+; 20.d4 exd3 21.♕b8 f6! 22.b4 ♕e6-+; 20.♔xe2 ♕g4+ 21.♔e1 ♘xf4! 22.gxf4 ♕g1+ 23.♔e2 ♗f2!!-+] **20...♗d6! 21.♕b3.** A dama branca não consegue voltar a tempo para defender o rei. **21...♗d3!** Δ ♕h3. **0-1**

Sletser - Chigorin [C63]

São Petersburgo, 1878

As brancas cometem um erro de cálculo no lance 8, achando que ganhavam um peão e a partida. Deveriam ter completado o desenvolvimento e, em vez disso, acabam sendo forçadas a abandonar no lance 12. **1.e4 e5 2.♘f3 f5 3.exf5 ♘c6 4.♗b5 ♗c5 5.♗xc6 dxc6 6.♘xe5 ♗xf5 7.♕h5+ g6**

8.♘xg6? [As brancas deveriam completar o desenvolvimento com 8.♕e2 ♕e7 9.c3 0-0-0 10.d4 ♗d6 11.0-0±] **8...hxg6!** [Se 8...♗xg6? 9.♕xc5+−] **9.♕xh8 ♕e7+** [As pretas coordenam o ataque de dama e par de bispos contra o rei no centro.] **10.♔d1** [Se 10.♔f1 ♗xc2! 11.♕xg8+ ♔d7 12.♕c4 (Se as brancas aceitam a segunda torre, levam mate após *12.♕xa8 ♗d3+ 13.♔g1 ♕e1#)* 12...♖e8-+] **10...♗xf2! 11.♕xg8+ ♔d7 12.♕c4** [Se as brancas aceitam a segunda torre, levam mate após 12.♕xa8 ♗g4#] **12...♖e8 0-1**

Baksa - Szimonidesz [D07]

Budapeste, 1960

As brancas cometem um erro de avaliação para realizar o lance 11 e permitem que as pretas tanto joguem o bispo preto em b4 como coordenem o ataque com dama e cavalo. **1.d4 d5 2.♘f3 ♘c6 3.c4 ♗g4 4.e3 e5** [Também conhecido é 4...e6 5.♘c3 ♗b4 6.♕b3 ♗xf3 7.gxf3 ♘ge7 8.♗d2 0-0 9.f4 ♖b8 10.0-0-0 dxc4 11.♗xc4 b5 12.♗d3 ♗xc3 13.♕xc3 ♖b6 14.♔b1± Pillsbury - Chigorin, São Petersburgo 1895/96] **5.♕b3 ♗xf3 6.gxf3 dxc4** [6...♘ge7 7.dxe5! ♘xe5 8.♘d2±] **7.♗xc4 ♕d7 8.♗xf7+** [8.dxe5! 0-0-0 9.e6±] **8...♕xf7 9.♕xb7 ♔d7 10.♕xa8** [10.d5 ♘b4 11.♕xa8 ♕xf3 12.0-0 ♕g4+=] **10...♕xf3**

11.♖f1? [As brancas poderiam jogar um final igual após 11.♖g1 ♘xd4 12.♕xf3 ♘xf3+ 13.♔f1 ♘xg1 14.♔xg1 ♘f6 15.b3 ♔e6=; se 11.0-0!?, parece que as pretas têm agora apenas um xeque perpétuo.] **11...exd4! 12.exd4** [Se 12.♘d2 ♗b4! 13.♖g1 dxe3 14.fxe3 *(14.♖xg7+ ♘ge7-+)* 14...♘ge7! 15.♕xh8 ♘e5!-+; oferecia maior resistência a variante 12.a3 d3 13.♘c3 ♘f6 14.♕b7 ♘e4 15.♕b5 ♘xc3 16.♕xd3+ ♘d5∓] **12...♘f6** [Por inversão de lances, também poderia ser 12...♗b4+ 13.♘c3

♘f6, chegando à posição da partida] **13.♘c3 ♗b4** [As pretas sacrificam a segunda torre.] **14.♕xh8 ♘xd4 15.♕xg7+ ♔e8 16.♕h8+ ♔f7 0-1**

Kraemer, A - Hermann, H [D13]

Detmold, 1930

As brancas sacrificam um peão na abertura e, antes de consolidar a posição no lance 12, precipitam-se num sacrifício de qualidade que permite como reação o sacrifício das duas torres e um ataque de mate por parte das pretas. **1.♘f3 d5 2.c4 c6 3.cxd5 cxd5 4.d4 ♘f6 5.♘c3 ♘c6 6.♗f4 e6 7.e3 ♕a5** [A teoria de aberturas recomenda 7...♗d6] **8.♘d2 ♗b4** [As brancas decidem sacrificar um peão para ativar as peças.] **9.♖c1!? ♗xc3 10.♖xc3 ♕xa2 11.♕c1 ♕a5**

12.♖xc6? [Agora, as brancas deveriam completar o desenvolvimento com 12.♗e2 0-0 13.0-0⩲; ou controlar a diagonal com 12.♗d6 ♕d8 13.♗c5⩲ para impedir o roque pequeno das pretas] **12...bxc6 13.♕xc6+ ♗d7** [As pretas sacrificam as duas torres para ter um ataque de mate.] **14.♕xa8+ ♔e7 15.♕xh8** [Se 15.♕b7 ♘e4-+] **15...♕a1+** [Se 15...♘e4? 16.♗g5+!+−] **16.♔e2 ♗b5+!** com ataque de mate **0-1**

Vasilevsky - Klimenkov [D48]

corr., 1953

As brancas cometem um erro de avaliação no lance 15, numa variante secundária da Defesa Merano, ao querer controlar a grande diagonal com a dama em vez de controlar com o bispo. Isso permite que o par de cavalos das pretas entre em ação com um ataque de mate coordenado pela dama. **1.d4 d5 2.c4 e6 3.♘f3 ♘f6 4.♘c3 c6 5.e3 ♘bd7 6.♗d3 dxc4 7.♗xc4 b5 8.♗d3 a6 9.e4 c5 10.e5 ♘g4** [A teoria recomenda a complicada variante 10...cxd4 11.♘xb5 ♘xe5 12.♘xe5 axb5 como a principal.] **11.♘g5** [Também é jogável 11.♗e4 ♖b8 12.♗g5 *(12.♗e3!?)* 12...♕b6 13.d5 ♘dxe5 14.♘xe5 ♘xe5 15.f4 *(15.0-0 h6=)* 15...h6 16.♗h4 ♘g6!= *(16...g5? 17.fxe5! gxh4 18.0-0±* Seirawan - Nogueiras, Lucerna 1989*)*] **11...cxd4**

12.♘xf7 ♕h4 [A outra opção é aceitar a troca dos cavalos com 12...♔xf7 13.♕xg4 dxc3 *(13...♘c5 14.♗c2 dxc3 15.♕f3+ ♔g8 16.♕xa8 cxb2 17.♗xb2 ♕a5+ 18.♔f1 ♗b7 19.♕e8 ♕b4 20.♗b3! ♕g4! 21.♖g1 ♗e4 22.f3 ♗xf3 23.gxf3 ♕xf3+=)* 14.♕f3+ ♔g8 15.♕xa8 ♘xe5 16.♗e2 ♘d3+ 17.♗xd3 ♕xd3 18.♕xc8 ♕e4+ 19.♗e3 cxb2 20.0-0 bxa1♕ 21.♖xa1 (Renter - Randvir, URSS 1947) 21...♕d5=] **13.g3 ♕h5 14.♘xh8 dxc3**

15.♕f3? [Era necessário controlar a grande diagonal com 15.♗e4 ♖a7 16.bxc3 ♕xe5 17.♕d4 ♗c5 18.♕xe5 ♘dxe5=] **15...♘dxe5!** [Agora, os cavalos pretos entram em ação coordenando o ataque com a dama] **16.♗xb5+** [Se 16.♕xa8 ♘xd3+ 17.♔f1 ♕c5 18.♕f3 ♘de5 19.♕e2 *(19.♕f4 ♕d5-+)* 19...♗b7-+] **16...axb5 17.♕xa8 ♘d3+ 18.♔f1 ♕c5 19.♗e3** [Se 19.♕f3 ♘de5 20.♕e2 *(20.♕f4 ♕d5-+)* 20...♗b7-+] **19...♘xe3+ 20.fxe3 cxb2 21.♖b1 ♕c1+ 0-1**

Hugot - O'Kelly [E38]

Saarbrucken, 1950

O'Kelly vai aproveitando as imprecisões das brancas, melhorando a posição e conseguindo um sólido cavalo em c5. Ao completar o desenvolvimento com o lance de bispo em f5, as pretas sacrificam as duas torres e conseguem coordenar o ataque de dama com peças menores. **1.d4 ♘f6 2.c4 e6 3.♘c3 ♗b4 4.♕c2 c5 5.dxc5 ♘a6 6.a3 ♗xc3+ 7.♕xc3 ♘xc5**

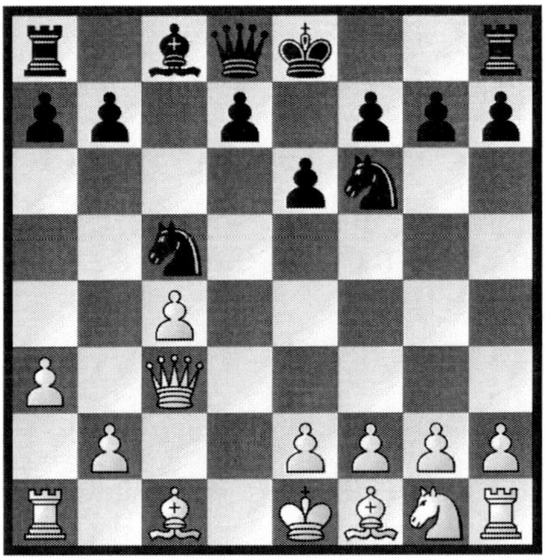

8.♗g5 [8.b4 ♘ce4 9.♕d4⩲ Δ f3, ♗b2] **8...a5 9.♕e5** [Melhor completar o desenvolvimento da ala do rei com 9.g3 d6 10.♗g2 h6 11.♗e3 ♕c7 12.♘f3 0-0 13.0-0 ♗d7=] **9...d6! 10.♗xf6 gxf6⩱ 11.♕f4** [11.♕c3 e5 12.♘f3 ♕b6⩱] **11...e5 12.♕h6** [12.♕f3 ♕b6⩱; 12.♕e3 ♕b6⩱] **12...♕b6⩱ 13.♖b1** [13.♘f3 ♕xb2 14.♕c1 ♕xc1+ 15.♖xc1 ♗e6⩱] **13...♗f5!-+**

14.♕xf6 ♗xb1 15.♕xh8+ ♔e7 16.♕xa8 ♘e4! [Se 16...♕xb2? 17.f3! e as brancas escapam do mate] **17.e3 ♕xb2 18.♕xa5** [As brancas conseguem evitar o mate de dama em d2, mas não em f1.] **18...♕xf2+ 0-1**

Santasiere, Anthony E - Bakos [C32]

Nova Iorque, 1949

As pretas cometem um erro na abertura por achar que ter um peão na sétima fila no lance 10 propiciava uma vantagem, mas o desenrolar posterior mostra que o par de bispos consegue não só defender o rei branco como também permitir o ataque contra o rei preto. **1.e4 e5 2.f4 d5 3.exd5 e4 4.d3 ♘f6 5.♕e2 ♕xd5** [Uma interessante opção é 5...♗g4 6.♘f3 ♕xd5 7.♘bd2 ♘c6 8.dxe4 ♕h5⩱ Δ 0-0-0] **6.♘c3 ♗b4 7.♗d2 ♗xc3 8.♗xc3 0-0** [As brancas conseguem um final um pouco melhor com a troca de damas após 8...♗g4 9.dxe4! ♗xe2 10.exd5 ♗xf1 11.♔xf1 ♘xd5 12.♗xg7 ♖g8 13.♖e1+ ♔d7 14.♖d1 ♔c6 15.♗d4 ♘xf4 16.♘f3 ♘d7 17.g3 ♘e6 18.♗e3± Bronstein - Szabó, Match Moscou - Budapeste 1949] **9.♗xf6 exd3**

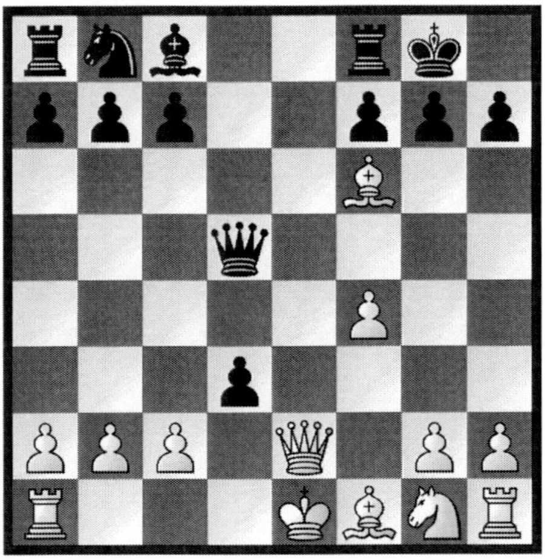

10.♕e5 d2+? [Era melhor jogar 10...♕c6 11.♕g5 ♕xf6 12.♕xf6 d2+ *(12...gxf6 13.♗xd3±* Korchnoi*)* 13.♔xd2 gxf6 14.♘f3±] **11.♔d1 ♗g4+ 12.♘e2 ♗xe2+** [Oferecia maior resistência à continuação 12...♕c6 13.♗xg7 f6 14.♕e3 ♗xe2+ 15.♗xe2 ♔xg7 16.♔xd2±] **13.♗xe2 ♕xg2**

14.♕g5+− ♛xh1+ 15.♔xd2. E as pretas abandonam, pois, agora 15...♖d8+ 16.♗xd8 ♕xa1 17.♕e7 com ataque de mate.
1-0

Carreras - Battle [C27]

Barcelona, 1898

Em posição de xeque perpétuo, as pretas decidem ganhar as duas torres permitindo que a dama branca coordene um ataque de mate com o cavalo, já que o bispo branco controla a diagonal a3-f8. **1.e4 e5 2.♘c3 ♘f6 3.f4 ♗b4?** [A teoria de abertura recomenda 3...d5] **4.♗c4** [A refutação é 4.fxe5!± Steinitz - Walbrodt, Viena 1898] **4...♗xc3** [4...♘c6=] **5.bxc3 d5** [5...♘xe4=] **6.exd5 ♘xd5 7.♕f3** [7.♘f3±] **7...♘xf4 8.♗a3 ♘xg2+** [8...♘c6∓] **9.♕xg2 ♕h4+ 10.♕g3 ♕xc4 11.♕xg7 ♕e4+**

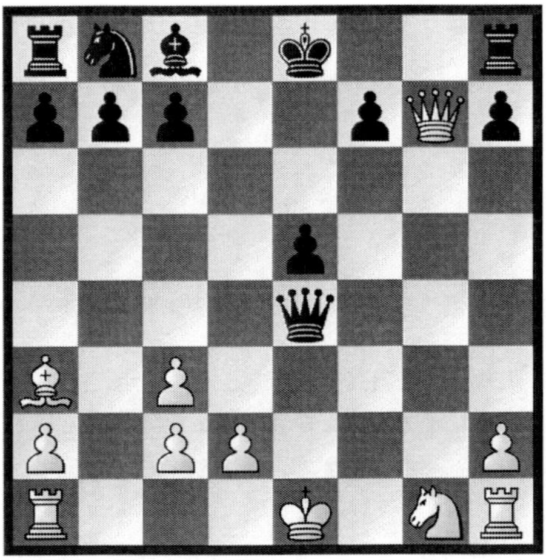

12.♔f2 ♕xh1? [O correto era dar xeque perpétuo com 12...♕h4+! 13.♔f1 ♕f4+! 14.♔e1 ♕e4+=] **13.♘f3!+− ♕xa1** [Agora, as brancas coordenam um ataque de dama e peças menores contra o rei no centro e sem defesa.] **14.♕xh8+ ♔d7 15.♘xe5+ ♔e6 16.♕e8+ ♔d5 17.♕xf7+ ♗e6** [Se 17...♔e4 18.d3+ ♔xe5 19.d4+ ♔e4 20.♕f3#] **18.♕f3+ ♔xe5 19.d4# 1-0**

Pavlov - Perioiu [B96]

Bucareste, 1963

Uma conhecida posição da Polugaevsky apresenta uma variante cuja refutação não se encontra na ECO B (quarta edição, 2002) **1.e4 c5 2.♘f3 d6 3.d4 cxd4 4.♘xd4 ♘f6 5.♘c3 a6 6.♗g5 e6 7.f4 b5 8.e5 dxe5 9.fxe5 ♕c7**

10.♕e2 ♗b4? [De acordo com a teoria de aberturas, o correto é jogar 10...♘fd7 11.0-0-0 ♗b7∞] **11.exf6! ♗xc3+ 12.bxc3 ♕xc3+ 13.♕d2!+− ♕xa1+ 14.♔f2 0-0** [As pretas perdem mais rapidamente com 14...♕b2? 15.fxg7! ♖g8 16.♘xe6+−; 14...♗d7? 15.fxg7! ♖g8 16.♕b4 f6 17.♗e2 ♕xh1 18.♗xf6 1-0 Mende - Personu, Romênia 1963] **15.fxg7! ♖e8**

16.♗xb5! [Agora, as brancas sacrificam a segunda torre.] **16...♕xh1 17.♗xe8 e5** [Se 17...♗b7 18.♗xf7+ ♔xg7 *(18...♔xf7 19.♕f4++− com ataque de mate)* 19.♗h6+ ♔xf7 20.♕f4++− com ataque de mate] **18.♕b4 ♘d7 19.♕e7** [As brancas poderiam dar mate em 7 lances com 19.♗xf7+ ♔xg7 (19...♔xf7 20.♕e7+ ♔g6 *(20...♔g8 21.♕e8+ ♔xg7 22.♘e6#)* 21.g8♕+ ♔h5 22.♕gxh7+ ♔g4 23.♕h3#) 20.♘f5+ ♔xf7 *(20...♔h8 21.♕f8+ ♘xf8 22.♗f6#)* 21.♕e7+ ♔g6 22.♘h4+ ♔h5 23.♕xh7+ ♔xg5 24.♕f5+ ♔xh4 25.g3#] **1-0**

Torre - Adams [C13]
Nova Orleans, 1920

Numa posição tranquila na abertura, as brancas sacrificam incorretamente um peão no lance 14, as pretas se recusam a acreditar que têm mais do que um peão e são surpreendidas na posição final por um ataque de mate. **1.e4 e6 2.d4 d5 3.♘c3 ♘f6 4.♗g5 dxe4 5.♘xe4 ♗e7 6.♗xf6 ♗xf6 7.♘f3 c6** [A teoria de aberturas recomenda 7...0-0 como a variante principal] **8.c3** [8.♘xf6+ ♕xf6 9.c3 0-0 10.♕d2 ♘d7 11.0-0-0⩲] **8...♕c7** [8...♗e7 9.♗c4⩲] **9.♗d3** [9.♘xf6+ gxf6 10.♗d3⩲] **9...♘d7 10.♕e2** [10.♘xf6+ ♘xf6 11.0-0 0-0 12.♖e1⩲] **10... b6 11.g4** [11.♘xf6+ ♘xf6 12.0-0-0⩲] **11...c5** [11...♗b7= Δ 0-0-0] **12.dxc5** [12.d5⩲] **12...♘xc5 13.♘xc5** [As brancas manteriam a vantagem completando o desenvolvimento com 13.♗b5+ ♗d7 14.0-0-0⩲] **13...♕xc5**

14.g5 [Agora, as pretas já teriam contrajogo na ala da dama após 14.♗e4 ♖b8 15.0-0-0 b5=] **14...♗xc3+?** [14...♗xg5⩱] **15.bxc3! ♕xc3+** [15...♗b7 16.♖d1±] **16.♕d2! ♕xa1+**

[16...♕xd2+ 17.♔xd2 ♗b7 18.♔e3±] **17.♔e2 ♕xh1 18.♗b5+ ♗d7** [As pretas levariam mate após 18...♔e7 19.♕b4+ ♔d8 20.♕d6+ ♗d7 21.♕xd7#] **19.♕xd7+ ♔f8**

20.g6! hxg6 21.♘g5 1-0

Mariasin - Bortnikov [A45]
Liepaia (URSS), 1974

As pretas cometem uma imprecisão na abertura e isso permite que as brancas forcem a saída de cena da dama preta no lance 8. **1.d4 ♘f6 2.♘c3 c5 3.dxc5 e6 4.e4 ♗xc5** [É melhor 4...♘c6 5.♗e3 ♕a5=] **5.e5 ♕b6?!** [Ainda havia a opção de jogar 5...♘d5!? 6.♘e4± *(6.♘xd5 exd5 7.♕xd5 ♕b6⩱)*] **6.exf6! ♗xf2+ 7.♔e2 ♗xg1**

[Seria melhor jogar 7...♗d4 8.fxg7 ♗xg7 9.♘f3 d5 10.♕e1 0-0 11.♔d1± Δ ♕g3] **8.♖xg1!!+− ♕xg1** [Se 8...gxf6 9.♗e3 ♕xb2 10.♗d4+−] **9.♕d6! gxf6 10.♗e3 ♕h1** [A dama preta está fora do jogo e as brancas coordenam o ataque com a dama e as peças menores.] **11.♘e4 h6** [Se 11...f5 12.♘f6+ ♔d8 13.♗g5 ♘c6 14.♘xd7++−] **12.♘xf6+ ♔d8 13.♘d5 ♘c6** [Se 13...exd5 14.♕f6+ ♔e8 *(14...♔c7? 15.♗f4+!)* 15.♕xh8+ ♔e7 16.♕e5+ ♔d8 17.♗c5+−] **14.♗xh6 ♘d4+** [Se 14...exd5 15.♗g5+ ♔e8 16.♖e1+−] **15.♔f2 ♘f5 16.♗g5+ f6 17.♕e5 ♖f8 18.♗xf6+ ♔e8 19.♗b5**. E as pretas abandonam, pois, se agora 19...♕xa1, segue 20.♕xe6+. **1-0**

Nield - Edwards [A00]

corr., 1940

Algumas imprecisões na abertura de ambos os lados não desmecerem a combinação que se seguiu com o avanço do peão lateral das brancas que desestabilizou o precário controle do centro por parte das pretas. **1.♘c3 c5 2.d4 cxd4 3.♕xd4 ♘c6 4.♕a4** [Se 4.♕h4 d5! Δ d4, e as pretas controlam o centro] **4...d5** [4...g6 5.g3 ♗g7 6.♗g2 ♘f6 7.♘f3 0-0= Storti - Garcia Palermo, Villa Gessell 1970] **5.♗f4** [5.♘f3 d4=] **5...f6** [As pretas não perceberam um golpe tático na abertura que lhes daria um meio-jogo sem as damas, com a torre na sétima fila após 5...♗d7! (Δ d4) 6.♘xd5 e5 7.♗g3 ♘d4! 8.♘c7+□ ♕xc7 9.♕xd4 exd4 10.♗xc7 ♖c8 11.♗e5 ♖xc2∓] **6.0-0-0**

6...e6? [Era melhor jogar 6...e5! 7.♗g3 *(7.♖xd5 ♗d7 8.♗e3 ♘ce7 9.♖xd7 ♕xd7 10.♕xd7+ ♔xd7 11.g3∞* Δ ♗h3+*)* 7...d4 8.e3 ♗d7 9.exd4 ♘xd4 10.♖xd4 exd4 11.♕xd4 ♕b6 12.♘f3 ♕xd4 13.♘xd4 ♖c8 14.♗d3≌ Δ ♖e1] **7.e4!± d4 8.♘f3 ♗c5** [Oferecia maior resistência a variante 8...e5 9.♘xd4! exd4 10.♘b5 g5 11.♗g3±] **9.b4!**

[As brancas jogam de maneira dinâmica com um avanço de peão lateral que provoca a queda do peão central das pretas.] **9...♗xb4** [Se 9...♗b6 10.b5 ♘a5 11.♘xd4+−; Se 9...♗d6 10.♗xd6 ♕xd6 11.♘xd4+−] **10.♘xd4+− ♗xc3** [Não adiantaria tentar trocar as damas com 10...♕a5 por causa de 11.♘xc6 ♗a3+ *(11...bxc6 12.♕xc6+ ♔f7 13.♘b1+−; 11...♕xa4 12.♖d8+ ♔f7 13.♘xa4 bxc6 14.♗a6+−)* 12.♔b1 ♕xa4 13.♖d8+ ♔f7 14.♘xa4 bxc6 15.♗a6+−] **11.♘xc6 ♗b2+ 12.♔xb2 ♕xd1**

[As brancas sacrificam a segunda torre deixando a dama preta fora de jogo em h1.] **13.♗b5! ♕xh1 14.♘e5+ ♔f8 15.♕d4! ♗d7** [Se 15...♔e7 16.♕b4+ ♔d8 17.♘f7#] **16.♕xd7.** E as pretas abandonam, pois, agora 16...fxe5 17.♗xe5 Δ ♗d6+ **1-0**

Milev, Z - Bobekov, R [E45]
Bulgária (ch), 1958

Um precipitado avanço de peão lateral das pretas no lance 11 permite que as brancas coloquem o cavalo em e6 com forte ataque por causa da mobilidade de se mover para g7 e f5. **1.d4 ♘f6 2.c4 e6 3.♘c3 ♗b4 4.e3 b6 5.♘ge2 ♗a6 6.a3 ♗e7 7.♘f4 d5 8.cxd5 ♗xf1 9.♔xf1 ♘xd5 10.♘cxd5** [10.♕f3 c6 11.g3 0-0 12.♔g2 ♘xf4+ 13.♕xf4 ♘a6 14.♖d1 f5!?=] **10...exd5**

11.♕h5 g5? [É melhor 11...♗g5!? 12.e4 (12.♘e6 g6 13.♕xg5 fxe6 14.♕xd8+ *(14.♕e5 ♔d7=* Δ *♘c6, ♔c8)* 14...♔xd8=) 12...0-0!? *(12...♗xf4 13.♗xf4 ♘c6 14.♖c1±* S.A. Saeed - Timman, Taxco (interzonal) 1985*)* 13.♘xd5 ♗xc1 14.♖xc1 c6 15.♘c3 ♕xd4=] **12.♘e6!± ♕d7 13.♘g7+ ♔f8 14.♕h6 ♕c6** [Desenvolver o cavalo não ajuda na defesa das pretas: 14...♘c6 15.♘e6+ ♔e8 16.♕g7 fxe6 17.♕xh8+ ♗f8 18.♕g8+−; 14...♘a6 15.h4! ♕d6 *(15...g4 16.♘e6+ ♔e8 17.♕g7 ♕b5+ 18.♔e1 ♔d7 19.♕xf7+−; 15...gxh4 16.♘e6+ ♔e8 17.♕g7 ♕b5+ 18.♔g1 ♔d7 19.♕xf7+−)* 16.♘e6+ ♔e8 17.♕g7 ♔d7 18.♘xg5+−] **15.♘e6+ ♔e8 16.♕g7 ♕c2 17.♕xh8+** [Ganharia mais rapidamente 17.♘xc7+! ♔d7 18.♔e1+−] **17...♔d7 18.♗d2 ♕xb2**

[Se 18...♕xd2 19.♘g7+−; oferecia maior resistência eliminar o cavalo com 18...fxe6!?] **19.♘g7+− ♕xa1+ 20.♔e2 ♕xa3** [As pretas entram em rede de mate ao aceitar a segunda torre com 20...♕xh1 21.♕e8+ ♔d6 22.♘f5+! ♔e6 23.♕xe7+ ♔xf5 24.♕xf7+ ♔g4 *(24...♔e4 25.f3#)* 25.f3+ ♔h4 26.♕xh7#] **21.♕e8+ ♔d6 22.♖a1 ♕xa1 23.♘f5+!,** e as pretas abandonam, pois as brancas têm a mesma sequência de mate já vista anteriormente. **1-0**

Richter - Duehrssen [A46]
Berlim, 1930

As pretas cometem um erro no lance 7 que permite uma grande vantagem das brancas. **1.d4 ♘f6 2.♘f3 e6 3.♗g5 h6 4.♗h4 c5 5.e3 b6 6.♗e2 ♗b7**

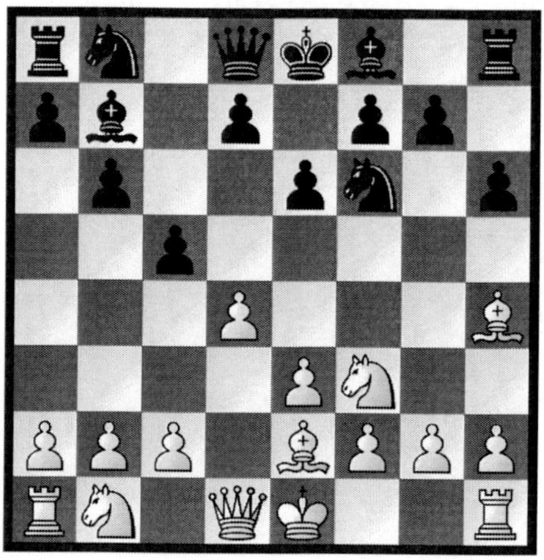

7.♘e5 d6? [Se 7...♗xg2? 8.♗h5!!± Δ ♘xf7; o típico avanço moderno do peão lateral igualaria a posição após 7...g5!? 8.♗f3 ♘c6 9.♗g3 h5=] **8.♗b5+ ♔e7□ 9.♕h5! dxe5□** [Se 9... g6 10.♘xg6+! fxg6 11.♕xg6+−] **10.dxe5± ♕d5** [Seria melhor jogar 10...♘bd7 11.♘c3±] **11.♘c3!+− ♕xg2**

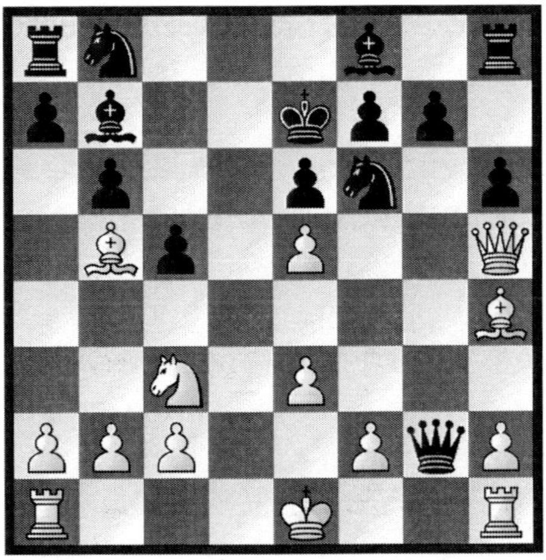

12.exf6+ gxf6 13.♕e5 ♘d7 14.♕c7 [Se, agora 14...♕xh1+, segue 15.♔d2 ♕xa1 16.♕xd7#] **1-0**

Leibowitz - Szekely, Jeno [B12]
Viena, 1928

O inusual desenvolvimento feito pelas pretas na abertura acaba sendo castigado, apesar das imprecisões de ambos os lados. **1.e4 c6 2.d4 d5 3.e5 ♗f5 4.♗d3 g6** [A teoria de aberturas recomenda 4...♗xd3 5.♕xd3 e6, onde as pretas ficam com a estrutura de peões nas casas brancas e sem o bispo, mal em c8 (típico da Defesa Francesa e que não ocorre na Caro-Kann).] **5.♗xf5 gxf5 6.♗g5** [6.e6!?±] **6...♗h6** [6...♕b6=] **7.e6** [Outra opção é 7.♗xh6 ♘xh6 8.♕d2 ♕b6 9.♘c3 ♘g8 10.♘f3± Δ 0-0-0] **7...♗xg5 8.♕h5 ♕a5+?!** [Seria melhor jogar agora 8...♕b6!? 9.exf7+ ♔f8 10.fxg8♕+ ♖xg8 11.♘f3 ♕xb2 12.0-0±] **9.♘c3± ♘f6** [9...♗f6 10.exf7+ ♔f8 11.0-0-0±] **10.exf7+ ♔f8 11.♕xg5+− ♘e4** [11...♔xf7 12.♘f3!+−] **12.♕xf5 ♘xc3**

13.bxc3? [As brancas ganhariam rapidamente com 13.♕c8+ ♔xf7 14.♕xh8+− e as pretas não conseguiriam nada com o xeque a descoberto porque as brancas simplesmente jogariam c3 e continuariam ameaçando tomar o peão de h7 com a dama.] **13...♕xc3+ 14.♔e2 ♕xa1?** [Se 14...♘d7? 15.♘f3!+−; o correto era recusar o sacrifício de torre e jogar 14...♕c4+! 15.♕d3

(15.♔e1 ♕c3+ 16.♔e2 ♕c4+=; 15.♔e3 ♕c3+ 16.♔e2 ♕c4+=) 15...♔xf7 16.f4 ♘d7 17.♘f3±] **15.♕c8+** [Agora, as brancas poderiam sacrificar a segunda torre com 15.♘f3! ♕c3 *(15...♕xh1 16.♕c8+ ♔xf7 17.♘e5+ ♔g7 18.♕g4++− com ataque de mate)* 16.♕c8+ ♔xf7 17.♕xh8 ♕xc2+ 18.♔e3 ♕e4+ *(18...♕f5 19.♘e5++−; 18...♕c3+ 19.♔f4+−)* 19.♔d2 ♕f4+ 20.♔c3+−] **15...♔xf7 16.♕xh8 c5** [As outras alternativas eram: 16...♔e6 17.♕c8+ ♔f6 *(17...♔f7 18.♘f3+− Δ ♘e5)* 18.♕xb7 ♕xa2 19.♔d2+−; 16...♕xa2 17.♘f3! ♕xc2+ *(17...♔e6 18.♕c8++−)* 18.♔e3 ♕e4+ *(18...♕c3+ 19.♔f4+−)* 19.♔d2+−] **17.♘f3+− ♕xh1** [Se 17...♕xa2 18.♘g5+ ♔g6 19.♕g8+ com ataque de mate] **18.♘g5+** [Ganharia mais rapidamente 18.♘e5+ ♔e6 19.♕g8+ ♔d6 *(19...♔f6 20.♕f7++−)* 20.♕c8+− com ataque de mate] **18...♔g6 19.♕g8+ ♔f5 20.g4+ ♔xg4 21.♘e4+** [As brancas dariam mate mais rapidamente com 21.♘h3+ ♔f5 22.♕f7+ ♔g4 23.♕f4+ ♔xh3 24.♕g3#] **21...♔f4** [As pretas poderiam prolongar a agonia com 21...♔f5 22.♕xd5+ ♔g6 23.♕e6+ ♔g7 *(23...♔h5 24.♕f5+ ♔h4 25.♕f4+)* 24.♕xe7+ ♔g6 25.♕f6+ ♔h5 26.♕g5#] **22.♕g5+** e as pretas abandonam, pois as brancas dariam mate no próximo lance. **1-0**

Tukmakov - Peshina [A34]
URSS, 1980

As brancas conseguem grande vantagem na abertura e, depois, não resistem à tentação de sacrificar as duas torres, mesmo não sendo necessário para ganhar a partida. **1.c4 c5 2.♘f3 ♘f6 3.♘c3 d5 4.cxd5 ♘xd5 5.e4 ♘b4 6.♗c4 ♗e6** [A teoria de aberturas recomenda 6...♘d3+ 7.♔e2 ♘f4+ 8.♔f1 ♘e6=] **7.♗xe6 ♘d3+ 8.♔f1 fxe6**

9.♘g5 ♕b6 [Conhecido é também 9...♕d7 10.♕f3 ♘e5 11.♕h3 ♘bc6 *(11...♕d3+ 12.♕xd3 ♘xd3 13.h4±)* 12.♘xe6± Pa. Stefanov - Nacht, Romênia (ch) 1977; parece melhor 9...♘c6!? 10.♘xe6 ♕d7 *(10...♕d6? 11.♘b5!+−)* 11.♘xc5 ♘xc5 12.♕h5+ g6 13.♕xc5 e6!? *(13...♕d3+ 14.♔g1 ♗g7 15.♕b5! ♖d8 16.♕xd3 ♖xd3 17.♔f1±* Timman - Stean, Amsterdã 1978*)* 14.♕c4 ♗g7 15.h4 0-0 16.♖h3⩲] **10.♕f3± c4 11.b3 h6** [A posição é superior para as brancas, como mostra a outra alternativa para as pretas: 11...♘e5 12.♕e3 cxb3 13.axb3 ♕xb3 (Levin - Zilberstein, URSS 1983) 14.♖b1 ♕c4+ 15.♕e2±] **12.bxc4 ♘xc1** [12...hxg5 13.♕xd3± Δ ♖b1] **13.♘f7** [13.♕h5+ g6 *(13...♔d7 14.♖xc1+−)* 14.♕xg6+

♔d7 15.♘f7 ♘d3 16.♕g3 ♕xf2+ 17.♕xf2 ♘xf2 18.♔xf2±] **13...♖g8** [13...♖h7 14.♘e5+−] **14.♘e5+− ♕b2 15.♕f7+ ♔d8** [Tukmakov não resiste à tentação de sacrificar ambas as torres.] **16.♖xc1** [As brancas também ganhariam com 16.♖b1 ou 16.♕xg8] **16...♕xc1+ 17.♔e2 ♕xh1**

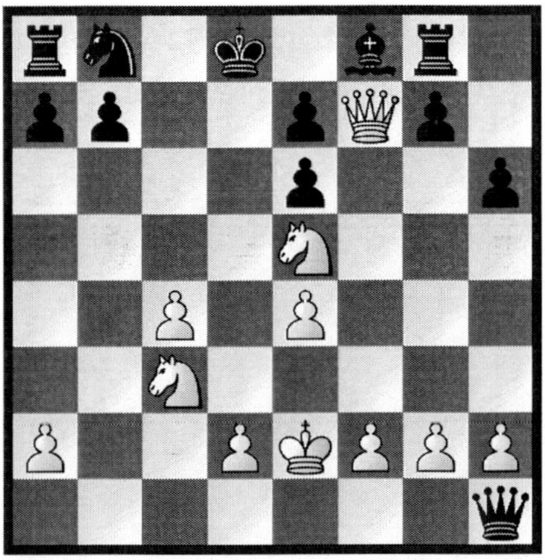

18.♕xe6 ♕xh2 19.♘f7+ ♔e8 20.♘b5! ♘d7 21.♘bd6+ ♕xd6 22.♘xd6+ ♔d8 23.♘xb7+ ♔c7 24.♕xg8 ♘f6 [Se 24...♔xb7 25.♕d5++−] **25.♕e6 ♔xb7 26.e5 1-0**

Maric - Popovic [B11]

Novi Sad (Iugoslávia), 1945

Uma ordem de lances não comum permite o sacrifício de 2 peões na abertura e, além disso, ainda pode resultar no sacrifício das duas torres, conforme demonstram as análises. **1.e4 c6 2.♘c3 d5 3.♘f3 ♗g4 4.d4 dxe4 5.♘xe4 ♗xf3 6.♕xf3 ♕xd4 7.♗e3! ♕xb2** [Se 7...♕b4+ 8.c3 ♕xb2 9.♖d1±] **8.♗c4!**

8...♘f6 [O sacrifício de duas torres ocorre na variante 8...♕xa1+ 9.♔e2 ♕xh1 *(9...♕f6 10.♘xf6+ ♘xf6 11.♖b1+−)* 10.♕xf7+ ♔d8 *(10...♔d7 11.♗e6+ ♔c7 12.♕f4+ ♔d8 13.♕xf8+ ♔c7 14.♕c8#)* 11.♕xf8+ ♔d7 *(11...♔c7 12.♗f4+ e5 13.♗xe5+ ♔d7 14.♘c5#)* 12.♘c5+ ♔c7 *(12...♔d6 13.♕d8+ ♔e5 14.♕d4+ ♔f5 15.♗d3#)* 13.♘e6+ ♔d6 14.♗f4+ ♔d7 15.♘c5#; conhecido é 8...e6 9.0-0 ♕e5 *(9...♘f6 10.♖ab1 ♕e5 11.♘xf6+ ♕xf6 12.♕xf6 gxf6 13.♖xb7+−; 9...♕b4 10.♖fd1 ♕xc4 11.♕f4!+−)* 10.♖ad1 ♘f6 11.♘xf6+ *(11.♗d4+−)* 11...♕xf6 12.♕g3+− Buchner - Finzner, Bad Woerishofen 2000; também já foi jogado 8...♕b4+ 9.♘d2 e6 10.♖b1 ♕e7 11.♘e4 ♘f6 **a)** 11...♕c7 12.0-0 *(12.♗f4±)* 12...♗e7 *(12...♘d7 13.♗f4±)* 13.♗f4+− Ertl - Schleischitz, Áustria 2002; **b)** 11...♘h6 12.0-0 *(12.♗xh6+−)* 12...♘f5

13.♖fd1 ♘xe3 *(13...♕c7 14.♘g5+−)* 14.♕xe3 ♕c7 *(14...b5 15.♖xb5!+−)* 15.♘g5+− Tyroler - Popa, Romênia (ch) 1950; 12.♘xf6+ ♕xf6 13.♕xf6 gxf6 14.♖xb7±⊞] **9.0-0 ♕xc2?** [A melhor opção seria jogar 9...♘bd7 10.♖ab1 ♕xc2 11.♘xf6+ ♘xf6 12.♖fc1 ♕e4 13.♕g3±⊞Δ ♕c7. As brancas sacrificaram 3 peões na abertura, mas, agora, começam a recuperá-los.] **10.♕f5!+−** Ameaça tanto dar mate em c8 com a dama como ganhar a dama preta com xeque de cavalo em f6. **10...♔d8 11.♕a5+** [Recentemente, jogou-se o mais forte 11.♖fd1++− Kayumov - Sadeghi, Teerã 2005] **11...♔c8** [Se 11...♔e8 12.♘xf6+ gxf6 13.♕c7+−] **12.♖fd1** [Também ganharia o lance 12.♗f4+−] **12...♘bd7 13.♘xf6 gxf6 14.♖ac1 ♕g6 15.♗a6 1-0**

Canal - N. N. [B01]

Budapeste, 1934

As pretas retardam o desenvolvimento da ala do rei visando o rápido roque grande e são surpreendidas por uma combinação muito conhecida. **1.e4 d5 2.exd5 ♕xd5 3.♘c3 ♕a5 4.d4 c6** [A teoria de aberturas recomenda o desenvolvimento com 4...♘f6] **5.♘f3 ♗g4** [5...♘f6 6.♗c4⩲] **6.♗f4 e6 7.h3 ♗xf3 8.♕xf3 ♗b4** [8...♘f6 9.♗c4⩲] **9.♗e2 ♘d7** [9...♘f6 10.0-0⩲] **10.a3** [10.0-0 ♘gf6 *(10...♘e7 11.♘b5±; 10...♗xc3 11.bxc3±⧉)* 11.a3 ♗xc3 *(11...♗e7 12.b4±)* 12.bxc3±⧉] **10...0-0-0?**

[A melhor opção era desenvolver com 10...♘e7!?] **11.axb4! ♕xa1+ 12.♔d2 ♕xh1** [Além das duas torres, agora as brancas também sacrificam a dama.] **13.♕xc6+! bxc6 14.♗a6#** O famoso mate de Boden. **1-0**

Kolodziejczyk - N. N. [A03]
Polônia, 1956

Revisando as análises do condutor das brancas, é possível encontrar melhoras: tanto uma maneira rápida de ganhar sem sacrificar as duas torres como uma defesa contra o sacrifício das duas torres. **1.f4 d5 2.♘f3 c5 3.d3** [3.e3 ♘c6 4.♗b5 e6 5.c4 ♗d6 6.♗xc6+ bxc6 7.d3 f5 8.e4 fxe4 9.dxe4 ♘e7= Pirc - Rabar, Iugoslávia (ch) 1952] **3...♘f6 4.♘bd2 ♕a5 5.e4!?** [5.c3 g6 6.e4 ♗h6 7.♘b3 ♕c7 8.e5 ♘h5 9.g3 0-0 10.♗g2 b6=] **5... dxe4 6.dxe4 ♘xe4 7.♗d3 ♘xd2 8.♗xd2 ♕b6 9.♘e5 ♕xb2?** [Era necessário recusar o segundo peão e jogar agora 9...g6!? (Δ ♗g7) 10.♘c4 ♕e6+ 11.♘e5 (Δ ♗c4) 11...♕b6=] **10.♗a5?** [As brancas sacrificaram dois peões para desenvolver as peças menores e, agora, deveriam ativar torre e dama para completar a coordenação do ataque com 10.♖b1! ♕d4 *(10...♕a3 11.♖b3 ♕xa2 12.♗c4+−)* 11.♕f3!+− Δ ♖xb7; Δ ♗b5+] **10...♕d4**

11.♗b5+ ♗d7? [Também perderia 11...♘c6? 12.♕f3! ♕xa1+ 13.♔e2 ♕xe5+ *(13...♕xh1 14.♕xc6+ bxc6 15.♗xc6+ ♗d7 16.♗xd7#)* 14.fxe5 ♗d7 15.♖d1+−; a única defesa para as pretas era jogar 11...♘d7! (A peça certa na casa certa e na hora certa para coordenar a defesa das pretas) 12.♕f3 *(12.♕xd4 cxd4 13.0-0-0 f6!? 14.♘xd7 ♗xd7 15.♗xd7+ ♔xd7 16.♖xd4+ ♔e8 17.♖hd1 b6∓)* 12...♕xa1+ 13.♔e2 ♕b2! *(13...♕xh1? 14.♕xb7!+−)* 14.♗a4 *(14.♕xb7? ♕xe5+!-+; 14.♕d3 ♕d4 15.♖d1 f6!? 16.♘xd7 ♕xd3+ 17.♖xd3 ♗xd7 18.♖xd7 ♔f7 19.♗c4+ ♔g6 20.♖xb7 h5∓* Δ h4*)* 14...f6!? 15.♕h5+ g6 16.♘xg6 b6 17.♘xh8+ ♔d8 18.♕f3 ♕xa2 19.♗xd7 ♔xd7 20.♕xa8 ♕xa5∓□] **12.♘xd7 ♘xd7 13.♕f3!+−**

[As brancas coordenam o ataque de dama e par de bispos contra o rei preto sem defesa no centro, pois o cavalo está cravado em d7.] **13...♕xa1+ 14.♔e2 ♕xh1 15.♕d5** [Também ganharia 15.♗xd7+ ♔xd7 16.♕xb7+ ♔d6 *(16...♔e6 17.♕c6+ ♔f5 18.♕d5++−* com ataque de mate*)* 17.♗c7+ ♔d7 *(17...♔e6 18.♕c6+ ♔f5 19.♕d5++−* com ataque de mate*)* 18.♗b8+ ♔e6 19.♕c6+ ♔f5 20.♕d5++− com ataque de mate] **15...♖d8 16.♗xd8 f6 17.♗xd7+ ♔xd8 18.♗c6+ 1-0**

Sherbakov, V - Levit, R [E26]

URSS (ch) semifinal Leningrado, 1954

Em posição extremamente complexa, no lance 18, as pretas deixaram escapar a extraordinária ideia de aceitar a segunda torre para depois sacrificar a própria dama, a fim de eliminar o cavalo e a possibilidade de ataque das brancas. **1.d4 ♘f6 2.c4 e6 3.♘c3 ♗b4 4.e3 c5 5.a3 ♗xc3+ 6.bxc3 ♘c6 7.♗d3 b6 8.♘f3** [8.♘e2 Δ 0-0, e4, ♘g3] **8...0-0** [8...d6 9.e4 e5=] **9.e4 ♘e8** [9...d6= Δ e5] **10.e5⩲ f5 11.d5** [11.0-0⩲] **11...♘a5 12.♗g5 ♕c7 13.d6 ♕c6 14.♗e7 ♖f7 15.♘g5** [15.0-0 h6∞ Δ ♗b7, g5] **15...♕xg2 16.♕h5 g6 17.♕h6 ♕xh1+**

18.♔e2 ♕g2?? [Um caso extraordinário, onde a única maneira de salvar a posição das pretas era aceitar o sacrifício da segunda torre com 18...♕xa1! (As pretas conseguem coordenar a defesa com o bispo na grande diagonal em b7 e o cavalo em h5 via g7.) 19.♘xf7 ♕b2+ 20.♔f1!? *(20.♔f3 ♗b7+ 21.♔g3 ♘g7! 22.♘g5 ♘h5+! 23.♔h3 ♘f4+! 24.♔g3 ♘h5+! 25.♔h3=)* 20...♘g7! 21.♘g5 *(21.♗f6 ♘h5! 22.♘g5 ♕c1+ 23.♔g2 ♗b7+ 24.♔h3 ♘f4+! 25.♔h4 ♘g2+! 26.♔h3 ♘f4+! 27.♔h4=)* 21...♕c1+ 22.♔g2 ♗b7+ 23.♔h3 ♕xg5! 24.♕xg5

(24.♗xg5 ♗f3⩲) 24...♗f3⩲. A posição está bloqueada para o par de bispos das brancas, assim, o par de cavalos das pretas é superior, havendo compensação pelo sacríficio: ♖+♗ versus ♕.] **19.♘xf7+− ♘g7 20.h3 f4 21.♘g5 f3+ 22.♔e1 1-0**

Geller - Golombek [E41]

Budapeste, 1952

Famosa partida da década de 1950, na qual as quatro torres são sacrificadas e só a última é recusada no último lance apenas por causa da opção do xeque perpétuo. **1.d4 ♘f6 2.c4 e6 3.♘c3 ♗b4 4.e3 c5 5.a3 cxd4 6.axb4** [6.exd4 ♗xc3+ 7.bxc3 ♕a5 8.♕c2 0-0∞] **6...dxc3 7.♘f3** [Também é conhecido 7.bxc3 d5 (7...0-0 8.♘f3 d5 *(8...d6!? Δ e5)* 9.cxd5 exd5 10.♕c2⩲) 8.♕c2 *(8.cxd5 exd5 9.♗d3 0-0 10.♘e2 ♘c6 11.0-0⩲)* 8...♕c7 9.cxd5 ♘xd5 10.♗a3 ♘d7 *(10...0-0 11.c4⩲)* 11.c4⩲ *(11.♖c1 a5!? 12.b5 ♘c5=* Baumbach - Dorawa, Zittau (Alemanha) 1957*)*] **7...cxb2 8.♗xb2 d5 9.c5** [9.♕a4+ ♗d7 10.b5⩲] **9...b6 10.♗b5+ ♗d7 11.♗xd7+ ♘fxd7 12.♕c2⩲ ♘c6 13.♗xg7** [As brancas poderiam manter a vantagem com 13.b5! ♘b4 14.♕c3 bxc5 15.♕xg7 ♖f8 16.0-0⩲ Δ ♕xh7] **13...♘xb4!**

14.♕b1 ♖g8 15.c6 [A outra possibilidade é 15.♕xh7 ♖xg7! 16.♕xg7 ♘c2+ 17.♔e2 ♘xa1 18.c6! ♘b3 19.cxd7+ ♕xd7 20.♕g8+ *(20.♘e5 ♕b5+ 21.♔f3 ♘d2+ 22.♔g3 ♘e4+ 23.♔f3 ♘d2+=)* 20...♔e7 21.♕xa8 ♕b5+ 22.♔d1 *(22.♔e1 ♕a5+=)* 22...♕d3+ 23.♔e1 ♕c3+=] **15...♘xc6 16.♕xh7 ♘f6!!**

As pretas encontram um sacrifício de duas torres para empatar. **17.♗xf6 ♕xf6 18.♕xg8+ ♔d7** [Agora, as brancas encontram um sacrifício de duas torres para levar a partida para o final.] **19.♘e5+!?** [Leva ao empate por xeque perpétuo a variante 19.♕xa8 ♕xa1+ 20.♔e2 ♕xh1 21.♕b7+ ♔d6 22.♕xf7 ♕xg2 23.♕f8+ ♔d7 *(23...♔c7 24.♕f7+=)* 24.♕f7+=] **19...♘xe5 20.♕xa8 ♘f3+**

21.gxf3 [Há xeque perpétuo após 21.♔e2 ♕b2+ 22.♔xf3 ♕f6+=] **21...♕xa1+ 22.♔e2 ♕b2+** [Geller esperava que Golombek aceitasse a torre e analisava o final de damas após 22...♕xh1 23.♕xa7+ ♔e8= quando seu adversário efetuou o lance que encerrou a partida, pois havia xeque perpétuo.] **½-½**

Sedina,E. - Skripchenko,A. [B22]
Biel, 2005

Em interessante partida, ambas as jogadoras sacrificam as duas torres, mas a última torre não pode ser aceita por causa do xeque-mate a descoberto.

1.e4 c5 2.♘f3 e6 3.c3 ♘f6 4.e5 ♘d5 5.d4 cxd4 6.cxd4 d6 7.♘c3 ♘c6 8.♗d3 dxe5 9.dxe5 ♗b4 [As pretas poderiam aceitar o sacrificio de peão com 9...♘xc3 10.bxc3 ♕a5 11.0–0 ♘xe5 *(11...♕xc3 12.♖b1 ♗e7 13.♖b3 ♕a5 14.♕c2±)* 12.♘xe5 ♕xe5 13.♖e1 ♕c7 *(13...♕xc3?? 14.♗b5++–)* 14.♕g4⩱]

10.0–0 ♘xc3 11.bxc3 ♗xc3 12.♖b1 ♗xe5 [Seria um erro tomar o peão central com 12...♘xe5? 13.♘xe5 ♗xe5 14.♗b5+ ♗d7 15.♕e2±]

13.♘xe5 ♘xe5 14.♗b5+ ♗d7 [As brancas manteriam compensação com vantagem de desenvolvimento após 14...♘c6 15.♕f3 0–0 16.♗a3 ♖e8 17.♖fd1⩱]

15.♕e2 ♗xb5 [A outra opção seria 15...♘c6 16.♖d1 ♕c7 17.♕g4 0–0–0 *(17...0–0? 18.♗f4! ♕c8 19.♗h6 g6 20.♕f4+–)* 18.♕xg7 ♖hg8 19.♕xf7 ♘e5 20.♗xd7+ ♕xd7 21.♕xd7+ ♖xd7 22.♖xd7 ♘xd7 23.♖b3± e as brancas podem coordenar melhor as peças no final (torre e bispo contra torre e cavalo).]

16.♕xe5 [As brancas poderiam manter uma pequena vantagem com 16.♕xb5+ ♘c6 17.♕xb7 ♕c8 18.♗a3! ♕xb7 19.♖xb7 a5 20.♗c5!± e as brancas podem coordenar melhor as peças no final (torre e bispo contra torre e cavalo).]

16...♗xf1 17.♕xg7 ♕d1 18.♗a3 ♕xb1

19.♕xh8+ ♔d7 20.♕d4+ ♔e8 21.♕h8+ ♔d7

½–½

Moskalenko,V. - Barria,D. [D16]
Bilbao (Rápido), 2005

As pretas não aproveitam as possibilidades de igualar a posição na abertura e cometem uma imprecisão no lance 10, mas o erro decisivo no lance 13 permite que as brancas sacrifiquem as duas torres para realizar um ataque de mate.

1.d4 d5 2.c4 c6 3.♘f3 ♘f6 4.♘c3 dxc4 5.a4 ♘a6 6.e4 ♗g4 7.♗xc4 ♗xf3 8.gxf3 ♘b4 [As pretas poderiam completar o desenvolvimento da ala do rei com 8...e6 9.0–0 ♘b4 10.a5 ♗e7 11.♔h1 0–0 12.♖g1 ♔h8=]

9.d5 cxd5 [As pretas poderiam completar o desenvolvimento da ala da dama e jogar o final sem damas após 9...e6!? 10.dxe6 ♕xd1+ 11.♔xd1 0–0–0+ 12.♗d2 fxe6 13.♗xe6+ ♔b8∞=]

10.exd5 a6?! [As pretas poderiam continuar com 10...e5!? Δ ♗d6, embora as pretas tenham que jogar ♔f8 após algum xeque na diagonal a4–e8]

11.♕b3! ♕d6 [Se 11...♕a5 12.0–0 0–0–0 13.♖d1± Δ ♗e3]

12.♘e4 [Era mais preciso jogar 12.♗e3! ♖d8 13.♘e4 ♘xe4 14.fxe4± ⧉]

12...♘xe4 13.fxe4 ♕g6? [Atacar o peão central é um erro por causa do atraso no desenvolvimento, era melhor jogar 13...♖c8!? 14.♗d2 e6 15.dxe6 fxe6 16.f3 ♗e7 *(16...♖c6 17.♖d1⩲)* 17.♔e2⩲]

14.♕xb4! ♕xe4+ 15.♗e3!!+–

15...♕xh1+ 16.♔e2 ♕xa1 17.♗b5+! [[O avanço do peão em a6 no lance 10 das pretas mostrou-se inútil para evitar o xeque de bispo em b5.]]

17...axb5 [As pretas também levariam mate após 17...♔d8 18.♗b6+ ♔c8 19.♕c5+ ♔b8 20.♕c7#]

18.♕xb5+ ♔d8 19.♗b6+ ♔c8 20.♕e8#

1–0

Rogers,I. - Wang Hao [A28]
Kuala Lumpur (Open), 2005

As brancas não jogam a abertura com precisão e assim permitem que as pretas mantenham uma pequena vantagem. O erro das brancas no lance 10 permite um rápido ataque por parte das pretas.

1.c4 e5 2.♘c3 ♘f6 3.♘f3 ♘c6 4.e3 ♗b4 5.♕c2 d6 6.a3 [As brancas poderiam igualar a posição com 6.d3 0–0 7.♗d2 ♖e8 8.♗e2 ♗f5=]

6...♗xc3 7.♕xc3 [7.bxc3 e4 8.♘d4 0–0 9.♘xc6 *(9.♗e2 ♘e7∓* Δ c5*)* 9...bxc6 10.♖b1 *(10.♗e2 ♖b8∓)* 10...♗e6∓]

7...e4 8.♘g1 ♘e5 9.b4 b6∓

10.f4? [Este avanço de peão é um erro, era melhor continuar com 10.♗e2 ♘h5!! 11.♕d4 *(11.g3 ♕f6∓; 11.♗xh5 ♕g5∓)* 11...♗f5 12.♗b2 *(12.♗xh5 ♘d3+∓)* 12...c5∓]

10...exf3 11.♘xf3 ♘e4! 12.♕d4 ♘xf3+ 13.gxf3 ♕h4+ 14.♔e2 ♕f2+ 15.♔d3 ♕xf3 16.♕xg7 [As brancas ficariam com qualidade a menos após 16.♕xe4+ ♕xe4+ 17.♔xe4 ♗b7+–+ Δ ♗xh1]

16...♗f5!–+

17.♕xh8+ ♔e7 18.♕g7 [Aceitar a segunda torre leva à perda da dama após 18.♕xa8 ♘c5+ 19.♔d4 (19.♔c3 ♘a4+ 20.♔b3 *(20.♔d4 c5+ 21.bxc5 bxc5#)* 20...♕d1+ 21.♔a2 ♕c2+ 22.♗b2 ♕xb2#) 19...♕xa8–+]

18...♖g8!? [[As pretas decidem sacrificar novamente a segunda torre.]]

19.♕xg8 [Se 19.♕d4 ♖g4–+]

19...♘f6+ [As pretas dariam xeque-mate com 19...♘c5+! 20.♔c3 *(20.♔d4 ♕e4+ 21.♔c3 ♘a4+ 22.♔b3 ♕c2#)* 20...♘a4+ 21.♔b3 *(21.♔d4 ♕e4#)* 21...♕d1+ 22.♔a2 ♕c2+ 23.♗b2 ♕xb2#]

20.♔c3 [Se 20.♔d4 ♕e4+ 21.♔c3 ♕c2+ 22.♔d4 c5+ 23.bxc5 bxc5#]

20...♘xg8 21.♖g1 ♕f2 22.♖xg8 ♕xf1 23.e4 ♗e6 24.♖g3 ♕xc4+ 25.♔b2 ♕xe4 26.♖c3 ♔d7 27.d3 ♕e2+

0–1

Valenta,V. - Jakubiec,A. [B28]

Lazne Bohdanec, 1996

As brancas não jogam a abertura com precisão e assim permitem que as pretas mantenham uma pequena vantagem. O erro das brancas no lance 10 permite um rápido ataque por parte das pretas.

1.e4 c5 2.♘f3 a6 3.d4 cxd4 4.♘xd4 ♘f6 5.♘c3 e5 6.♘f3 ♗b4 7.a3 [As brancas poderiam igualar a posição com 7.♗c4 ♕c7 8.♕d3 d6 9.♗d2 ♘bd7 10.♘d5 ♘xd5 11.♗xd5 ♘c5=]

7...♗xc3+ 8.bxc3 ♕c7 9.♗d3?! [As pretas manteriam uma pequena vantagem na abertura após 9.c4 d6 10.♗d3 0–0 11.0–0 ♗e6∓ Δ ♘bd7]

9...d5!∓

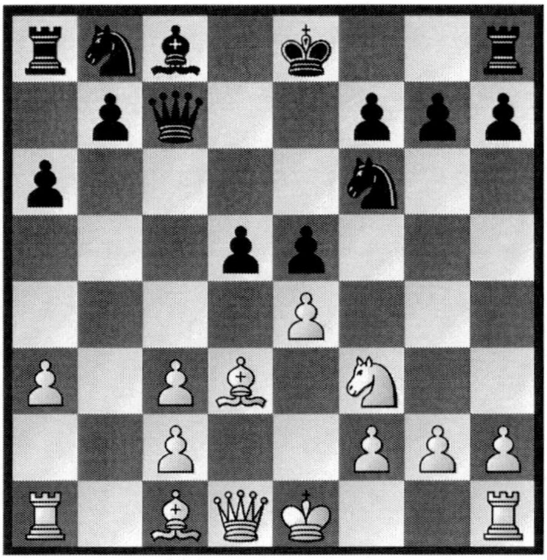

10.♘d2 [Se 10.exd5 e4 11.0–0 0–0∓ e as pretas ficam com peça a mais por 2 peões.]

10...♕xc3 11.♖b1 dxe4 12.♖b4 ♗g4!–+ 13.f3 [As brancas também estariam perdidas após 13.♗e2 ♗xe2 14.♕xe2 ♘c6 15.♖c4 ♕a5 16.c3 *(16.0–0 ♘d4–+)* 16...e3! 17.fxe3 *(17.♕xe3 ♘d5–+* Δ ♘f4*)* 17...0–0–+ Δ ♖fd8]

13...exd3! 14.♖c4 dxc2! 15.♕e2 ♕a5 16.fxg4 ♘c6 17.0–0 ♘d5 18.♖xc6 [Após 18.♘f3 ♕b6+ 19.♔h1 0–0 20.♕xc2 ♖ad8–+ as pretas completam o desenvolvimento]

18...bxc6 19.♕xe5+ ♔f8 20.♗b2 f6 [As pretas ganhariam mais rapidamente com 20...♕c5+ 21.♔h1 *(21.♗d4 c1♕–+)* 21...f6–+]

21.♕d6+ ♔f7! [Após 21...♔g8? as brancas conseguiriam dar xeque perpétuo com 22.♕e6+ ♔f8 23.♗xf6! ♘xf6 24.♖xf6+! gxf6 25.♕xf6+ ♔e8 *(25...♔g8 26.♕e6+=)* 26.♕xh8+ ♔d7 27.♕xh7+=]

22.♘c4 ♕c7 23.♘e5+ ♔e8 24.♕e6+ ♘e7 25.♕f7+ [Se 25.♘f7 ♖f8 26.♘d6+ ♔d8 27.♘c4 ♖b8!–+]

25...♔d8 26.♕xg7 ♕b6+! 27.♔h1 ♕xb2!

28.♕xh8+ ♔c7 29.♕xa8 c1♕ 30.♕a7+ ♔d6! 31.♘f7+ [Se 31.♕d7+ ♔xe5 32.♕xe7+ ♔d5!–+]

31...♔e6! 32.♘d8+ ♔d5! 33.♕d7+ [Oferecia maior resistência jogar o final de cavalos após 33.♖xc1 ♕xc1+ 34.♕g1 ♕xg1+ 35.♔xg1 c5∓ Δ c4]

33...♔c4!–+ 34.♕e6+ ♔b5 35.a4+ ♔b6 36.a5+ ♔b5 37.♖g1 ♕xg1+ 38.♔xg1 ♕d4+ 39.♔f1 ♕xd8 40.♕xf6 ♕d3+ 41.♔f2 ♘d5 42.♕b2+ ♔xa5 43.♕a2+ ♔b5 44.♕b2+ ♔c5 45.♕c1+ ♔d4 46.♕xc6 ♕d2+ 47.♔f3 ♕e3#

0–1

Beikert,G. - Chatalbashev,B. [A52]

Campeonato Mundial (sub 26) Sofia, 1994

As brancas conseguem clara vantagem na abertura e sacrificam as duas torres para ativar as peças e atacar de forma fulminante o rei das pretas.

1.d4 ♘f6 2.c4 e5 3.dxe5 ♘g4 4.♗f4 ♗b4+ 5.♘d2 d6 6.exd6 ♕f6 [Era melhor jogar 6...♗xd6 7.♗xd6 ♕xd6 8.h3 ♘e5 9.e3 ♘bc6 10.f4±]

7.♘h3 ♘xf2 [Se 7...♗xd6 8.♗xd6 ♕xd6 9.♘f3 ♕b4+ 10.♕d2 ♕xd2+ 11.♘xd2 ♘c6 12.♖c1±]

8.♔xf2 ♗xh3 9.g3± ♗c5+ 10.e3 g5 [Se 10...♗xf1 11.♕b3!±]

11.♘e4! ♕xb2+ 12.♕e2!

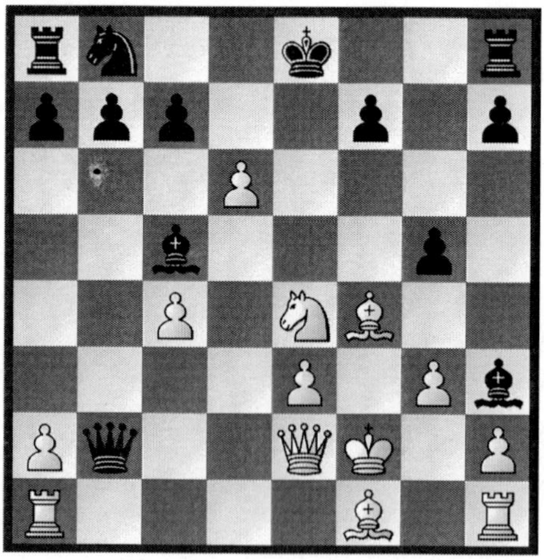

12...♕xa1 [Oferecia maior resistência trocar as damas e jogar o final após 12...♕xe2+ 13.♗xe2 gxf4 14.♘xc5±]

13.♗xh3!+– ♕xh1 14.♕b2! 0–0 [Se 14...f6 15.♗g2 ♕d1 16.♗f3+–]

15.♘f6+ ♔h8 [As pretas levariam mate após 15...♔g7 16.♘e8+ ♔g6 17.♕g7+ ♔h5 18.♘f6#]

16.♗xg5 c6 [Se 16...♕xh2+ 17.♗g2+– e não há defesa contra o xeque a descoberto]

17.♘g4+

1–0

Gjedsted,S. H. - Palvig,D. K. [B13]

Copenhague (Politiken Cup), 2006

As brancas sacrificam as duas torres e, graças à ameaça de mate, conseguem três peças menores em troca e assim compensação. As pretas cometem um erro no lance 19, mas as brancas não aproveitam a oportunidade de um golpe tático e a partida termina num prematuro empate.

1.e4 c6 2.d4 d5 3.exd5 cxd5 4.c4 ♘f6 5.♗g5 ♘c6 [As pretas podem optar por 5...e6=]

6.♘f3 ♗g4 7.c5?! [As brancas deveriam desenvolver com 7.♘c3=]

7...♗xf3 [7...♘e4!]

8.gxf3 e6 9.♘c3 ♗e7 10.♗b5 ♖c8 [10...♘h5∓]

11.♕d3 [11.♕d2!?]

11...0–0 12.a3?! [As pretas conseguem manter uma pequena vantagem na abertura: 12.0–0 ♘h5∓; 12.♖g1 ♔h8∓; 12.♗xc6 ♖xc6∓]

12...♕a5?! [Agora, o ataque ao centro permitiria uma grande vantagem para as pretas com 12...e5!∓]

13.♗a4 a6 14.♗c2 ♘b4

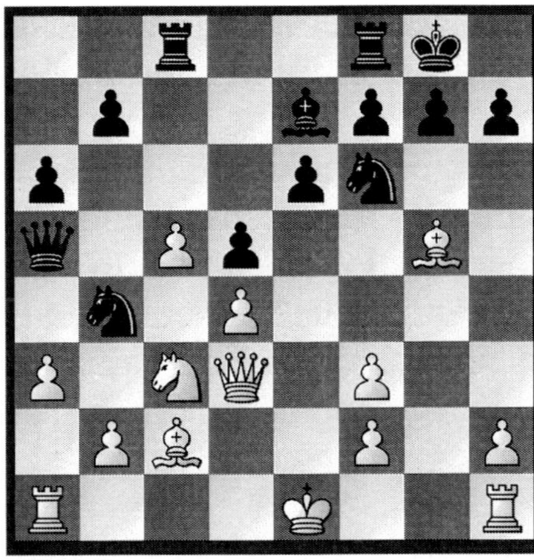

15.axb4! ♕xa1+ 16.♔e2 ♕xh1 17.♗xf6 ♕xh2 18.♗xe7 ♖fe8 19.♗d6=∞ [[Δ b5]]

19...e5? [As pretas manteriam suas chances no meio-jogo com duas torres contra três peças menores após 19...♕h4 20.b5 axb5 21.♘xb5=∞]

20.dxe5 [As brancas poderiam aceitar o peão com 20.♘xd5 exd4+ 21.♘e7+! ♖xe7+ 22.♗xe7 ♖e8 23.♕e4! d3+ *(23...♕c7?? 24.♕xh7#; 23...g6 24.♗a4+–)* 24.♔xd3!± ⧉]

20...♖xe5+ 21.♗xe5 ♕xe5+ 22.♕e3 ♕e6 23.♗b3 [Foi acordado o empate. A melhor continuação seria 23.♗b3 ♖e8 24.♔d1! onde as brancas manteriam claras chances no final de duas peças menores contra a torre por causa da maioria de peões na ala da dama, devendo contrapor ao provável contrajogo h5–h4–h3 com um jogo ativo de rei em direção à ala do rei.]

½–½

Wallace,J. P. - Nikolaidis,I. [D15]
Moscou (Olimpíada), 1994

As brancas conseguem clara vantagem na abertura com vários ganhos de tempo desenvolvendo peças ao atacar a dama no centro do tabuleiro. Entretanto algumas imprecisões no meio-jogo permitem que as pretas saíam das dificuldades com um surpreendente sacrifício de duas torres. As brancas inconformadas com o empate forçam a posição até perder a partida.

1.d4 ♘f6 2.c4 c6 3.♘c3 d5 4.e3 a6 5.a4 g6 6.♘f3 ♗g7 7.♗e2 c5?! [As pretas deveriam completar o desenvolvimento da ala do rei com 7...0–0 8.0–0⩲]

8.dxc5 ♕a5 9.cxd5! ♘xd5 10.♕xd5 ♗xc3+ 11.♗d2 ♗xd2+ 12.♕xd2 ♕xc5 13.♖c1±

13...♕f5 14.♗d3 ♕e6 15.♘g5 ♕d7 16.h4 ♘c6 17.♕c3 f6 18.f4 [As brancas poderiam manter a pressão com 18.♗e4 0–0 *(18...♘e5 19.h5!±)* 19.h5!±]

18...♕g4 19.♗e2 ♛g3+ 20.♔f1 ♗g4 [Era mais correto continuar com 20...♗f5!? 21.h5! ♘e5 22.hxg6 ♘xg6 23.♘f3 ♖c8 24.♕d2±]

21.♗f3 [As brancas teriam clara vantagem com 21.♗c4! ♗f5 *(*Se *21...0–0–0?? 22.♘e4+–* ganhando a dama*)* 22.♘e6 *(22.♗f7+ ♔f8 23.♗d5±)* 22...♗e4 23.♕d2±]

21...♗xf3

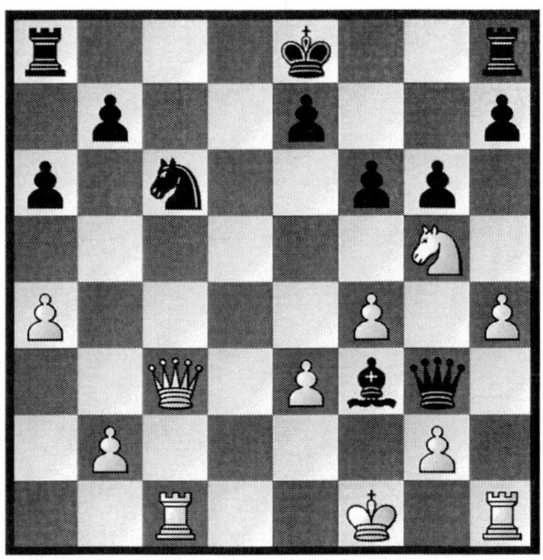

22.gxf3 [As brancas poderiam manter uma pequena vantagem com 22.♘xf3 ♕g4 *(22...0–0–0? 23.b4±; 22...0–0? 23.h5±; 22...♖d8 23.b4⩲* Δ b5*)* 23.♔f2 ♕e6 24.h5⩲]

22...fxg5!!= [[As pretas sacrificam as duas torres.]]

23.♕xh8+ ♔d7 24.♕xa8 ♛xf3+ 25.♔e1 ♕xh1+ [As pretas já teriam xeque perpétuo com 25...♕xe3+ 26.♔d1 ♕d3+=]

26.♔d2 ♛d5+ 27.♔c3? [As brancas deveriam resignar-se com o xeque perpétuo após 27.♔e1 ♕h1+ 28.♔d2 ♕d5+=]

27...♘a5! 28.♔c2 ♕e4+ 29.♔d1 ♕d3+ 30.♔e1 ♕xe3+ 31.♔d1 ♕f3+ 32.♔c2 ♕e4+ 33.♔d1 ♘c4! [[A manobra de cavalo iniciada com o lance 27 mostra-se decisiva.]]

34.♖xc4 [Se 34.♖c3 gxf4–+]

34...♕xc4 35.♕xb7+ ♔e6!–+ [[O final de damas é ganhador para as pretas.]]

36.hxg5 [O final de peões é ganhador após 36.fxg5 ♕d5+! 37.♕xd5+ ♔xd5–+; Se 36.♕b6+ ♔f5! 37.♕a5+ *(37.fxg5 ♕xa4+ 38.b3 ♕xh4–+)* 37...♔xf4 38.♕xg5+ ♔f3–+]

36...♕xa4+ 37.b3 [Se 37.♔e1 ♕xf4 38.♕xa6+ ♔f5–+]

37...♕xf4 [As pretas ganhariam o final de peão após 37...♕d7+ 38.♕xd7+ ♔xd7–+]

38.♕xa6+ [Se 38.♕c8+ ♔f7! 39.♕xa6 ♕xg5–+]

38...♔f5 [As pretas ganhariam o final de peões após 38...♕d6+ 39.♕xd6+ ♔xd6–+ Δ ♔c5]

39.♕b5+ e5 40.♕d7+ ♔xg5 41.♕xh7 e4 42.♕e7+ ♔g4 43.♕e6+ [Se 43.b4 ♕f1+ 44.♔d2 ♕d3+ 45.♔e1 e3–+]

43...♕f5 44.♕c4 ♔g3 45.b4 e3 46.b5 ♕d7+ 47.♔c1 ♕d2+ 48.♔b1 e2 49.♕c7+ ♕f4 50.♕c3+ ♔f2 51.♕c2 ♕f5

0–1

Atalik,S. - Kotanjian,T. [D49]

Sétimo Campeonato Europeu Kusadasi, 2006

As pretas jogam um plano original de desenvolver o peão central no lance 17 para poder posicionar a dama em e6. O desenvolvimento do bispo por a6 e a tomada em d3 criam em seguida a possibilidade do sacrifício de duas torres. A posição equilibrada é perturbada pelo erro das brancas no lance 26, mas as pretas não aproveitam a oportunidade e ficam perdidas ao cometer um erro no lance 27.

1.d4 d5 2.c4 c6 3.♘c3 ♘f6 4.e3 e6 5.♘f3 ♘bd7 6.♗d3 dxc4 7.♗xc4 b5 8.♗d3 a6 9.e4 c5 10.e5 cxd4 11.♘xb5 axb5 12.exf6 gxf6 13.0–0 ♕b6 14.♕e2 b4 15.♖d1 ♗c5 16.a4 bxa3 17.bxa3 e5!? [Normalmente as pretas desenvolvem com 17...♗b7]

18.♖b1 ♕e6 19.♘h4 ♗a6 20.♕f3 ♗xd3!?

21.♕xa8+ ♔e7 22.♕xh8 ♗xb1 23.h3 ♕a6 [As pretas poderiam optar por 23...♕a2 24.♗h6=]

24.♖e1 ♗g6 25.♘f3 d3 26.♗f4? [As brancas deveriam manter o equilíbrio na posição com 26.♘xe5 fxe5 *(26...♗xf2+ 27.♔xf2 fxe5 28.♖xe5+ ♘xe5 29.♕xe5+=)* 27.♖xe5+ ♔d6 28.♗f4 ♔c6 29.♖e1=]

26...♕xa3 [As pretas deixam escapar uma grande vantagem por causa do peão passado avançado com 26...♕b6! 27.♗e3 *(27.♗g3 ♕b2∓)* 27...♗xe3 28.♖xe3 ♕b1+ 29.♔h2 ♕c2∓]

27.♘xe5 ♗xf2+? [As pretas poderiam retomar o equilíbrio na posição com 27...fxe5 28.♖xe5+ ♘xe5 29.♕xe5+ ♔d8 30.♕c7+ ♔e8 31.♕b8+ ♔e7=]

28.♔xf2 ♕c5+ [Oferecia maior resistência continuar com 28...♕a7+ 29.♖e3 fxe5 30.♗xe5 ♗e4 31.♗d4 ♕a2+ 32.♗b2±]

29.♔f1+– fxe5 30.♗xe5 ♕c4 31.♗c7+ ♗e4 32.♕d8+ ♔e6 33.♕e8+ ♔f6 34.♗d8+

1–0

Das,A. - Kamble,V. [C11]

Campeonato Mundial (sub 20) Goa, 2002

Em movimentada partida as brancas sacrificam as duas torres para atacar o rei no centro, as pretas são forçadas a sacrificar a dama para equilibrar a partida. O mal posicionamento do rei branco não deixa outra opção a não ser o empate por tripla repetição de lance. Ao forçar a posição, as brancas ficam perdidas pois as pretas ativam a torre, mas estas desperdiçam a oportunidade de ganhar a partida ao não realizar um necessário avanço lateral de peão.

1.e4 e6 2.♘f3 d5 3.♘c3 ♘f6 4.e5 ♘fd7 5.d4 c5 6.♗g5 [As brancas poderiam igualar a posição com 6.dxc5 ♘c6 7.♗f4 ♗xc5 *(7...♘xc5)* 8.♗d3 f6 9.cxf6 ♕xf6 10.♗g3 0–0 11.0–0 ♘d4 12.♘xd4 ♗xd4=]

6...♕b6! 7.dxc5 [7.♗e3 ♘c6∓ *(7...♕xb2? 8.♘b5!)*]

7...♗xc5 8.♕d2 ♗xf2+ [Era melhor continuar o desenvolvimento com 8...♘c6∓]

9.♕xf2 ♕xb2 10.♔d2!

10...♕xa1 11.♗b5! ♕xh1 12.♕c5! ♕xg2+ 13.♔e1 [As brancas deveriam deixar o rei em segurança com 13.♔c1 ♕xg5+ 14.♘xg5 ♘c6 15.♗xc6 bxc6 16.♕xc6 ♖b8 17.♘xd5! *(17.♘xe6 fxe6 18.♕xe6+ ♔d8 19.♕xd5 ♖b7 20.e6 ♖f8 21.exd7 ♖xd7=)* 17...exd5 18.e6 f6 19.♕d6 ♖b6 20.exd7+ ♗xd7 21.♕xd5 ♖f8 22.♘e4!± Δ ♘c5]

13...♕xg5 14.♘xg5 ♘c6 15.♕d6 [Se 15.♗xc6 bxc6 16.♕xc6 ♖b8 17.♘xd5 exd5 18.e6 f6 19.♘f7 0–0 20.exd7 ♗xd7 21.♘h6+ gxh6 22.♕xd7 ♖f7 23.♕xd5 ♖e8+∓]

15...♘e7 [Seria interessante a continuação 15...♘db8!? 16.♗xc6+ bxc6 *(16...♘xc6?? 17.♘b5!+–)* 17.♘e2 a5 18.♘d4 ♗d7 19.♕c7 0–0 20.♕b7 ♖a6 21.♘b3 h6 22.♘c5 hxg5 23.♘xa6 ♗c8 24.♕xb8 ♗xa6= Δ ♗c4]

16.♘xe6! fxe6 17.♕xe6 ♔d8 18.♕d6 ♘f5 19.♕xd5 ♘e3 20.♕d6 ♘f5 21.♕d5 ♘e3 22.♕d6 ♘f5 [[A má posição do rei das brancas impede a coordenação do ataque.]]

23.♕d2?? [As brancas deveriam repetir a posição pela terceira vez e empatar com 23.♕d5=]

23...♖e8–+ 24.♕g5+ ♔c7 25.♘d5+ ♔b8 26.♕f4 ♖xe5+ 27.♔f2 ♘d6 28.♗xd7 ♖xd5 29.c4 [Se 29.♗xc8 g5!–+]

29...♗xd7?? [Novamente ganharia o avanço do peão lateral 29...g5!–+]

30.cxd5= ♔c7 31.♕c1+ ♔b6 [As pretas poderiam forçar a repetição de lance com 31...♔b8 32.♕f4 ♔c7=]

32.♕e3+ ♔b5 [As pretas poderiam voltar o rei com 32...♔c7 33.♕c5+ ♗c6 34.♔g1= *(34.dxc6?? ♘e4+!–+)*]

33.♕e7 ♔c5 34.♕xd7 ♖f8+ 35.♔g1 ♖f6 36.♕a4 ♔xd5 37.♕xa7 ♖g6+ 38.♔f1 ♖f6+ 39.♔g1 h6 40.♕a4 ♔e6 41.♕b3+ ♔e7 42.♕b4 ♔f7 43.♕b3+ ♔g6 44.♕b1+ ♔f7 45.♕b3+ ♔f8 46.♕d5 b6 47.♕a8+ ♘e8 48.♕b8 ♔f7 49.♕b7+ ♔f8 50.♕b8 ♔f7 51.♕b7+ ♔f8

½–½

Kramnik,V. - Van Wely,L. [D13]

Amber (Rápido - às cegas) Mônaco, 2002

As pretas cometem um erro no lance 14 e as brancas aproveitam a oportunidade para desenvolver as peças e sacrificar as duas torres para atacar o rei no centro.

1.♘f3 d5 2.d4 ♘f6 3.c4 c6 4.cxd5 cxd5 5.♘c3 ♘c6 6.♗f4 e6 7.e3 ♘h5 8.♗e5 f6 9.♗g3 ♕b6 10.a3 ♗d7 [As pretas perderiam a dama após 10...♕xb2?? 11.♘a4!+–]

11.♗d3 ♘a5 12.b4 ♘c4 13.♗xc4 ♘xg3 14.hxg3 ♕c6? [As pretas deveriam jogar 14...dxc4= e assim manter o par de bispos.]

15.♘xd5!± ♕xc4 16.♘f4 ♗b5 [Oferecia maior resistência ficar com um peão a menos e completar o desenvolvimento na ala do rei com 16...♕c3+ 17.♘d2 ♗d6 18.0–0 ♗xf4 19.gxf4 0–0 20.♘e4±]

17.♘d2 ♕c3 18.♕h5+ ♔e7 19.♕xb5!+–

19...♕xa1+ 20.♔e2 ♕xh1 21.♕xb7+ ♔e8 [Se 21...♔d6 22.♘c4#]

22.♕c6+

1–0

Van Riemsdijk,H. C. - Koeke,J. [B09]

Presidente Prudente, 28.09.1969

A pesquisa e a ampliação do número de partidas para a segunda edição já havia sido concluída, quando recebi por e-mail esta partida, enviada pelo MI Herman Claudius van Riemsdijk, que foi disputada num match amistoso.

1.e4 d6 2.d4 ♘f6 3.♘c3 g6 4.f4 ♗g7 5.♘f3 0–0 6.♗d3 ♘c6 7.♗e3 e5 8.fxe5 dxe5 9.d5 ♘d4!

10.♘xe5 [Outra alternativa conhecida para as brancas era 10.♘xd4 ♘g4! 11.♘f5 gxf5 12.♗c5 (Stein - Matanovic, URSS-Iugoslávia 1965) 12...fxe4 (Δ f5) 13.♗c4!? *(13.♗e2 ♖e8 14.0–0 ♕h4 15.h3⩲)* 13...♕h4+ 14.g3 ♕h6 15.♕e2

a) 15.♗xf8 ♗xf8⩱;

b) 15.♘xe4 f5 16.♘f2 *(16.♗xf8 ♗xf8⩱)* 16...♘xf2 17.♗xf2 f4 18.0–0 ♗h3 19.♖e1 ♖ad8⇄;

15...♖d8 16.♘xe4 ♗f5=]

10...♘xd5! 11.♗xd4 ♘f4! 12.♘e2 [Foi jogado posteriormente 12.♗c4 ♘xg2+! 13.♔f2 ♘h4! (melhor do que seguir com 13...♕h4+ 14.♔xg2 ♗h3+ 15.♔g1 ♕g5+ (as pretas ficam muito inferiores após *15...♖ad8?! 16.♗d5±* Sutton - Todorcevic, Skopje (ol) 1972*)* 16.♔f2 c5 17.♕f3 cxd4 18.♘d5 ♗xe5 *(18...♕d2+ 19.♔g3 ♗xe5+ 20.♔xh3 ♕xc2 21.♕e2±; 18...♕xe5 19.♕xh3 ♔h8!? 20.♖hf1 f5 21.♔g1 fxe4 22.♕g3⩲)* 19.♕xh3 ♕d2+ 20.♔f1 ♕xc2 21.♕d3⩲) 14.♘d5 ♗e6 15.♗c3 c6 16.♘e3 ♕c7!=∞]

12...♘xe2 13.♗xe2

13...♕e7! [Um lance que melhora a variante. Seis meses antes havia sido jogado 13...♕h4+ 14.♗f2 ♕xe4 15.♘f3 ♖e8 16.♔f1 ♗xb2 17.♖b1 ♗g7 18.♗d3 ♕e7 19.♕e1 ♕d7 20.♕b4⩲ Rubinetti - Mecking, Mar del Plata (zonal) 1969]

14.♘xg6 [14.♘xf7 ♖xf7 15.♕d3 *(15.♗xg7 ♕h4+∓)* 15...♕b4+ 16.♗c3 ♗xc3+ 17.♕xc3 ♕xe4 18.0–0–0! ♕xe2 19.♖d8+ ♖f8 20.♖xf8+ ♔xf8 21.♖e1 ♕f2 22.♕h8+ *(22.♔b1 ♗f5 23.♕h8+ ♔f7 24.♕xh7+ ♔f8 25.♕h8+ ♔f7=)* 22...♔f7 23.♕xh7+ ♔f8 24.♕h8+ ♔f7=]

14...hxg6 [Também é possível tomar o cavalo com 14...fxg6 15.♗xg7 ♕h4+ 16.g3 ♕xe4 17.♕d4 *(17.♗xf8 ♕xh1+ 18.♔d2 ♕d5+=)* 17...♖e8!= 1/2 - 1/2 Van der Weide-Nijdam, Wijk aan Zee 1973]

15.♗xg7 ♕h4+ 16.g3 [Se 16.♔f1 ♔xg7 17.♕d4+ ♔g8≅ Δ ♖d8]

16...♕xe4

17.♕d4 [As brancas ficariam com um peão a menos, mas a atividade das peças garantiria a compensação após 17.♗xf8 ♕xh1+ 18.♔d2 ♕xh2 19.♕h1 ♕xh1 20.♖xh1 ♔xf8 21.♖h8+ ♔e7 22.♗f1 f5 23.♔e3≅; As brancas conseguiriam a igualdade ao completar o desenvolvimento da ala do rei com 17.0–0 ♕e3+ 18.♖f2 ♔xg7 19.♗f3 ♖e8 20.♕d2 c6=]

17...♕xh1+ 18.♔d2 ♕xa1? [As pretas deveriam recusar a segunda torre e jogar 18...♕xh2! 19.♗xf8 ♔xf8 20.♕d8+ ♔g7 21.♕d4+ ♔h7 22.♖f1 ♗f5 23.♖f4 ♕h6∓]

19.♗h6! f6 20.♗c4+? [As brancas teriam uma posição ganhadora na longa e complicada variante 20.♗xf8! ♔xf8 *(20...♗e6 21.♕xf6 ♖xf8 22.♕xg6+ ♔h8 23.♕h6+ ♔g8 24.♕xe6+ ♔g7 25.♕e5++–)* 21.♕xf6+ ♔e8 (as pretas entrariam em rede de mate após 21...♔g8 22.♗c4+ ♔h7 23.♕f7+ ♔h6 24.♕f8+ ♔h5 25.♕h8+ ♔g4 26.♕h4+ ♔f3 27.♗d5+ ♔f2 28.g4+! ♔f1 *(28...♔g1 29.♕g3+ ♔f1 30.♗c4#)* 29.♕h3+ ♔f2 30.♕g2#) 22.♕xg6+ ♔e7 *(22...♔d7 23.♗g4++–; 22...♔d8 23.♕g5++–)* 23.♕g5+ ♔d6 *(23...♔f8 24.♕d8++–; 23...♔e8 24.♗h5++–)* 24.♕d8+ ♔e5 *(24...♔c6 25.♗f3++–; 24...♗d7 25.♕xa8 ♕xb2 26.♕f8+ ♔c6 27.h4+–)* 25.♕xc7+ ♔f6 26.♕d8+ ♔e5 *(26...♔f5 27.♕d6+–)* 27.♕h8+ ♔d6 *(27...♔e6 28.♗c4++–)* 28.♕f8+ ♔e5 *(28...♔c7 29.♕c5+ ♔d7 30.♗b5++–; 28...♔d5 29.♕f6+–)* 29.♕f4++– Δ ♗c4+]

20...♗e6 21.♗xe6+ ♔h7 22.♕h4

22...♖ad8+? [As pretas jogaram a torre errada. O correto era 22...♖fd8+! 23.♔c3 ♕d1! 24.♗e3+! ♕h5 25.♕xf6 ♖d6= e as brancas são forçadas a dar xeque perpétuo]

23.♔c3 ♕e1+ [23...♕d1 24.♗xf8+ ♕h5 25.♕xf6+–]

24.♗d2+! [e as pretas abandonaram por causa do xeque-mate após 24...♔g7 25.♕h6#.]

1–0

PARTIDAS INTERESSE HISTÓRICO

Steel - Ross [C25]
Calcutá, 1885

As pretas fazem um controvertido sacrifício de cavalo após o roque grande no lance 7, mas é o erro do lance 10 que leva a uma posição perdida. Posteriormente, as brancas com seu rei andarilho deixam passar uma vitória histórica no lance 18 e as pretas não aproveitam para ganhar no lance 20. A partida termina em empate no lance 25. **1.e4 e5 2.♘c3 ♘c6** [Imprecisões na abertura podem fazer com que as brancas consolidem a vantagem como na partida: 2...♗c5 3.♘f3 d6 4.♘a4 ♘d7 5.♘xc5 ♘xc5 6.d4!? ♘xe4 *(6...exd4 7.♕xd4⩲)* 7.dxe5⩲ ♕e7?! *(7...♘e7!?)* 8.♕d4!± f5 9.♗f4 d5 *(9...dxe5 10.♕xe5±)* 10.♕xd5 ♕b4+ 11.♘d2 ♕xb2 *(11...♘xd2 12.♗xd2 ♕xb2 13.♗c4!+−; 11...♘e7 12.♕b5+ ♘c6 13.a3±)* 12.♘xc4!+− (as brancas sacrificam a torre) 12...♕xa1+ 13.♔d2 ♘e7 14.♗b5+ ♔f8 15.♕d8+ ♔f7 16.♘g5+ ♔g6 17.♕xh8 *(17.♕e8+ ♖xe8 18.♗xe8+ ♔h6 19.♘e6+ g5 20.♗xg5#)* 17...♕d4+ *(*As pretas levam mate se aceitam a segunda torre com *17...♕xh1 18.♕xh7#)* 18.♔e2 ♕xf4 19.♕xh7+ ♔xg5 20.h4+ 1-0 Simon - Munder, Alemanha Ocidental 1976] **3.f4 exf4 4.d4** [4.♘f3] **4...♕h4+**

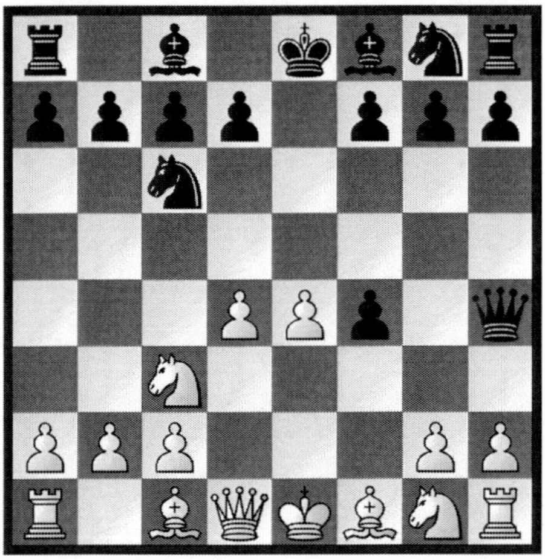

5.♔e2 d5 [Um enxadrista moderno jogaria 5...b6!∓ Δ ♗a6+, aproveitando-se da incômoda posição do rei branco em e2.] **6.exd5 ♗g4+ 7.♘f3 0-0-0** [Era melhor 7...♗xf3+!? 8.♔xf3 *(8.gxf3 ♘ce7∓)* 8...♕h5+ 9.♔xf4 ♕xd1 10.♘xd1 ♗d6+ 11.♔e3 ♘b4=] **8.dxc6! ♗c5**

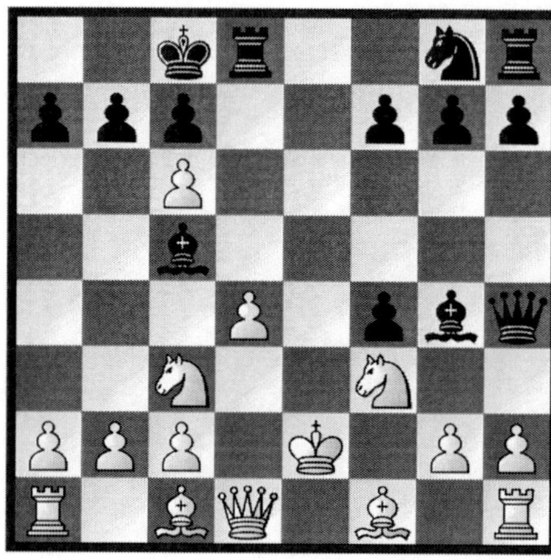

9.cxb7+ ♔b8 [9...♔xb7 10.♕e1⩲] **10.♘b5⩲ ♘f6?** [Era melhor jogar 10...♗xf3+!? 11.gxf3 a6 12.c3 axb5 13.♕d3⩲Δ ♔d1] **11.c3! ♖he8+** [11...♗xf3+ 12.gxf3+−] **12.♔d3! ♗f5+** [12...♕f2 13.♔c4!+−] **13.♔c4!+− ♗e6+ 14.♔xc5 a5 15.♘xc7!** [As brancas levam mate se aceitam a dama após 15.♘xh4? ♘e4+ 16.♔c6 ♗d5#] **15...♕h5+ 16.♘e5! ♘d7+ 17.♔b5 ♕xd1**

18.♗xf4?? [As brancas ganhariam com 18.♘xd7+! ♖xd7 *(18...♗xd7+ 19.♔b6!!+−; 18...♔a7 19.♘c5+−; 18...♔xb7 19.♘c5+ ♔a7 20.♘xe8 ♖xe8 21.♔xa5+−)* 19.♗xf4! ♕xa1 *(19...♖xc7 20.♔b6!!+−)* 20.♔b6!!+−] **18...♕xa1 19.♔a6 ♘xe5 20.♘xe8 f6??** [Agora, as pretas poderiam ganhar com 20...♖d5!-+, como foi jogado na partida Morgan - Shipley, match 1891] **21.dxe5!= f5 22.♗b5** [22.♗e3 ♖xe8 23.♗b5 ♕xh1 24.♗a7+ ♔c7 25.♗c5 ♖d8 *(*As pretas podem empatar de duas maneiras *25...♗c8= ; 25...♖c8=* não indicadas pelo condutor das brancas*)* 26.♔a7+− Steel] **22...♕xh1 23.♗e3 ♖xe8 24.♗c5 ♖d8 25.♗a7+ ½-½**

Bowdler - Conway [C23]

Londres, 1788

As brancas estão perdidas com o erro no lance 7 e continuam perdidas até o lance 16, quando repentinamente as pretas cometem um grave erro que provoca uma reviravolta no resultado da partida. **1.e4 e5 2.♗c4 ♗c5 3.d3 c6 4.♕e2 d6 5.f4 exf4 6.♗xf4 ♕f6**

7.♕f3?? [7.♗c1=] **7...♕xb2-+ 8.♗xf7+ ♔d7 9.♘e2 ♕xa1 10.♔d2 ♗b4+ 11.♘bc3 ♗xc3+ 12.♘xc3 ♕xh1**

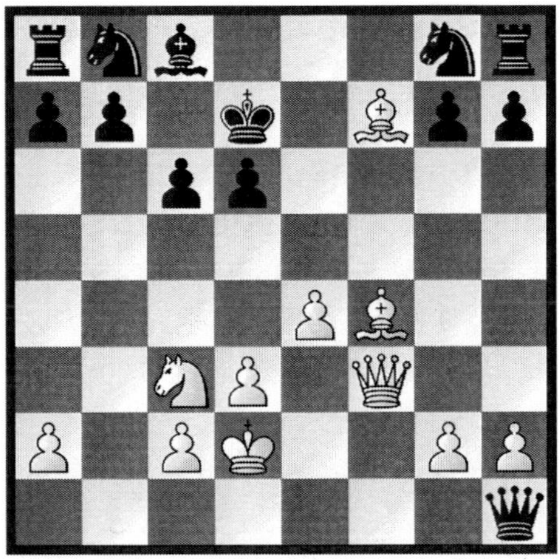

[As brancas estão perdidas com duas torres a menos.] **13.♕g4+ ♔c7 14.♕xg7 ♘d7 15.♕g3 b6** [Era melhor desenvolver com 15...♘gf6-+] **16.♘b5+**

16...cxb5?? [As pretas poderiam forçar as brancas a dar xeque perpétuo após 16...♔b7 17.♘xd6+! ♔a6 18.d4! b5! 19.♕a3+ ♔b6 20.♘c4+ ♔b7 21.♘a5+ ♔b6=; Surpreendentemente, as pretas ainda ganhavam com o paradoxal 16...♔b8!! (que passa o lance para as brancas decidir como tomar em d6 e, só então, as pretas escolhem qual peça ativar para coordenar a defesa.)

17.♗xd6+ *(17.♘xd6 a6-+ Δ ♔a7; 17.♗xg8 ♕f1-+)* 17...♔b7 18.♗b4 *(18.♗xg8 ♘f6-+)* 18...♕b1! 19.♕c7+ *(19.♘d6+ ♔a6-+)* 19...♔a6-+] **17.♗xd6+ ♔b7** [Se 17...♔d8 18.♗c7+ ♔e7 19.♗h5!+−, com ataque de mate] **18.♗d5+ ♔a6** [Agora, as brancas vão mostrar a força do par de bispos numa posição aberta.] **19.d4! b4** [As pretas também estão perdidas após 19...♘c5 20.dxc5 b4 21.cxb6! ♗d7 *(21...♕f1 22.♗xb4+−)* 22.♗xb4+−] **20.♗xb4+− ♔b5 21.c4+ ♔xb4 22.♕b3+ ♔a5 23.♕b5# 1-0**

Schwartz - Kieseritzky [D20]
Paris, 1842

Kieseritzky, quase uma década antes da “Imortal”, já perdera esta partida ao aceitar o sacrifício de duas torres após ter cometido um grave erro no lance 9. **1.d4 d5 2.c4 dxc4 3.e4 f5** [A moderna teoria recomenda 3...e5 4.♘f3 exd4 5.♗xc4 ♘c6 6.0-0 ♗e6=] **4.e5** [4.♗xc4±] **4...♗e6** [4...♘c6 5.♘f3 ♗e6 6.♘c3 ♗d5 7.♗e2 e6 8.0-0±] **5.♘c3⩲ c6** [5...♗d5 6.♘ge2 e6 7.♘f4±] **6.♕f3** [6.♘h3⩲ Δ ♘f4; Δ ♘g5] **6...g6** [6...♕xd4∓] **7.♘h3** [7.♘ge2=] **7...♗d5** [7...♕xd4∓] **8.♘xd5 cxd5**

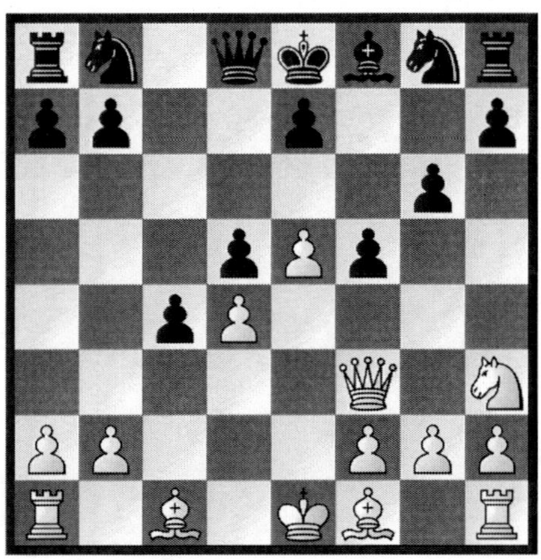

9.♘f4 [9.♗xc4!⩲] **9...♕a5+?** [9...♘c6!= Δ ♘xd4; Δ ♘b4] **10.♗d2+− ♕b6 11.♕xd5 ♕xb2** [11...♕c6 12.♗xc4 ♕xd5 13.♘xd5+−] **12.♗xc4 ♕xa1+ 13.♔e2 ♕xh1**

14.♕f7+ ♔d7 15.e6+ [15.♗e6+ ♔c6 16.♕e8+ ♘d7 17.♗xd7+ ♔b6 18.♘d5+ ♔a6 19.♗b5#] **15...♔c7 16.♘d5+ ♔c6 17.♕e8+ ♔d6 18.♗f4+ ♔xe6 19.♘f6+ ♔xf6 20.♕f7# 1-0**

Anderssen - Kieseritzky [C33]

Londres, 1851

A partida foi amplamente analisada por Kasparov no livro Meus Grandes Predecessores (v. 1), pp. 25-30, (São Paulo, Editora Solis, 2004). **1.e4 e5 2.f4 exf4 3.♗c4 ♕h4+ 4.♔f1 b5 5.♗xb5 ♘f6 6.♘f3 ♕h6 7.d3 ♘h5 8.♘h4 ♕g5 9.♘f5 c6 10.g4 ♘f6**

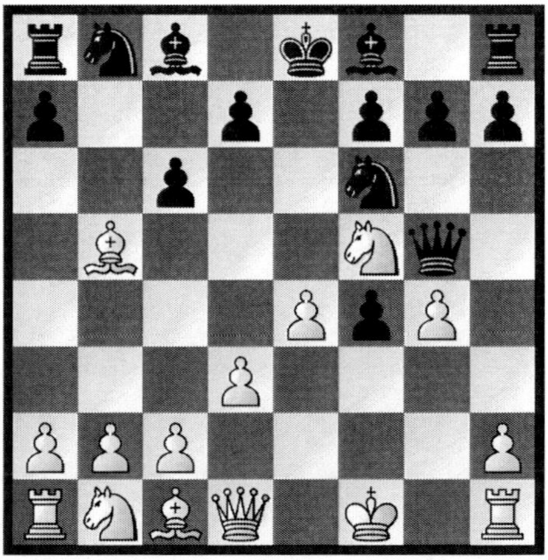

11.♖g1 cxb5 12.h4 ♕g6 13.h5 ♕g5 14.♕f3 ♘g8 15.♗xf4 ♕f6 16.♘c3 ♗c5 17.♘d5 ♕xb2

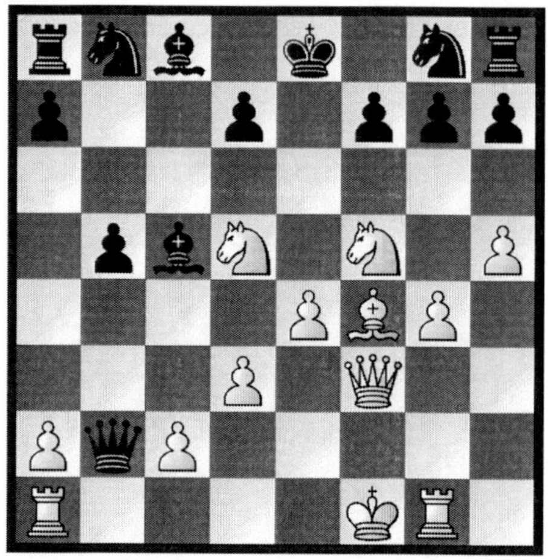

18.♗d6 ♗xg1 19.e5 ♕xa1+ 20.♔e2 ♘a6 21.♘xg7+ ♔d8 22.♕f6+ ♘xf6 23.♗e7#

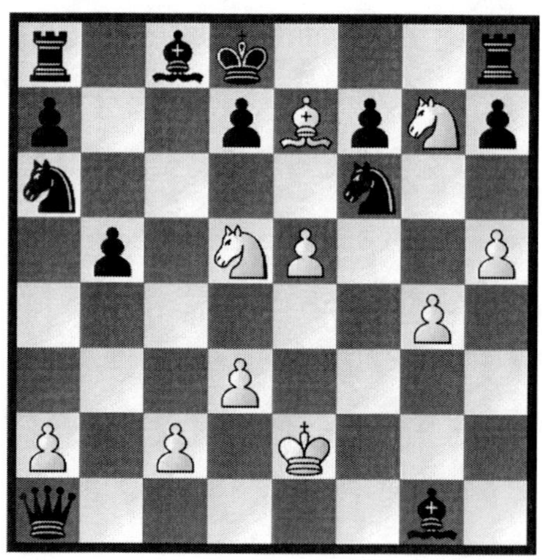

1-0

AVALIAÇÃO

Avaliação: Testes 01–12

A avaliação através de testes visa saber se o conteúdo foi fixado pelo leitor. Os 12 testes mostram situações reais de jogo. Os nomes estão omitidos, pois o importante são as peças brancas e as peças pretas, e não dois nomes ou duas pessoas. A análise deve durar 90 minutos, utilizando um tabuleiro sem mexer as peças, e as variantes devem ser anotadas para uma comparação com as respostas. A pontuação máxima é de 50 pontos.

Teste 01

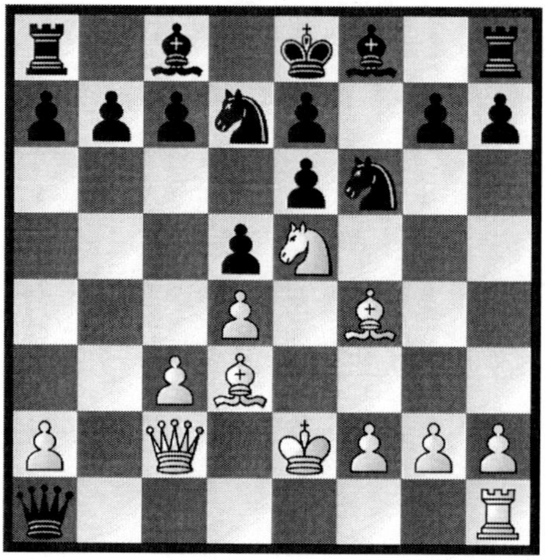

Lance 11 - Jogam Pretas - (Vale 03 pontos)

Teste 02

Lance 14 - Jogam Brancas - (Vale 03 pontos)

Teste 03

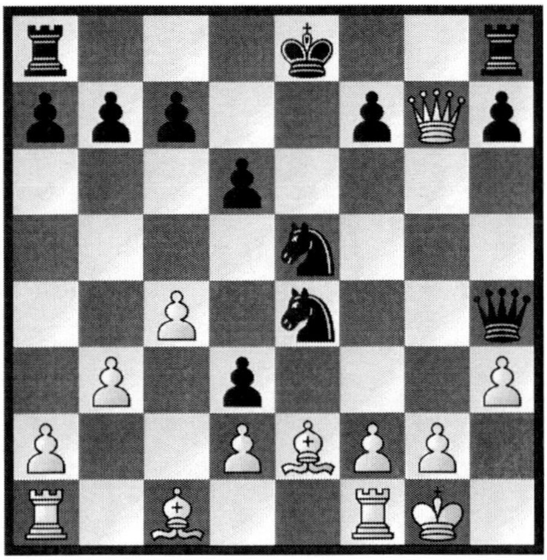

Lance 14 - Jogam Brancas - (Vale 06 pontos)

Teste 04

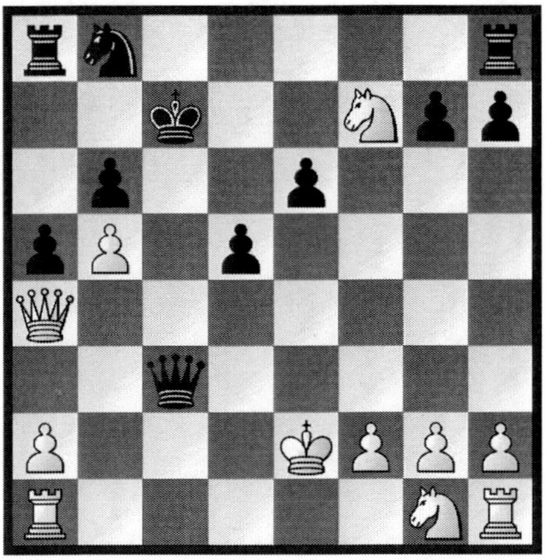

Lance 21 - Jogam Pretas - (Vale 02 pontos)

Teste 05

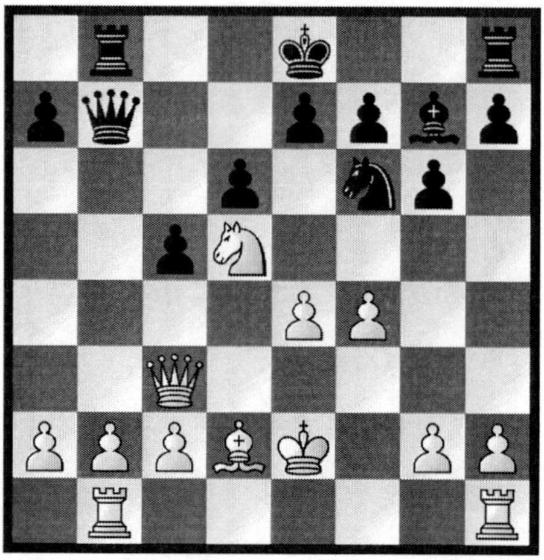

Lance 16 - Jogam Pretas - (Vale 06 pontos)

Teste 06

Lance 16 - Jogam Pretas - (Vale 03 pontos)

Teste 07

Lance 12 - Jogam Brancas - (Vale 06 pontos)

Teste 08

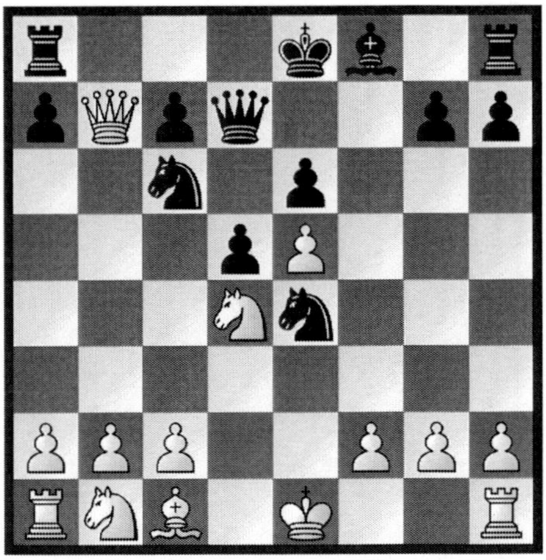

Lance 10 - Jogam Pretas - (Vale 06 pontos)

Teste 09

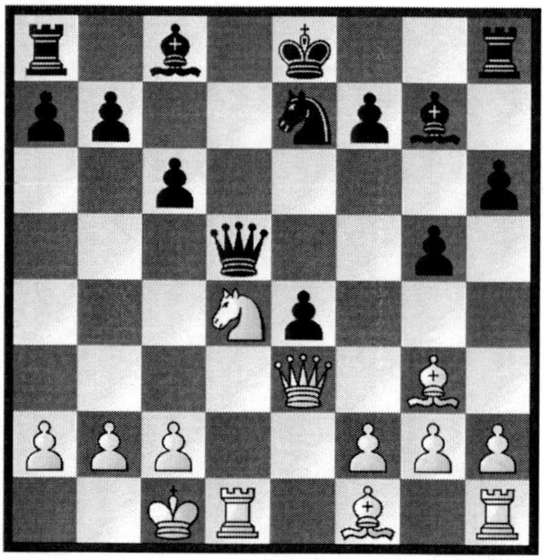

Lance 14 - Jogam Brancas - (Vale 03 pontos)

Teste 10

Lance 14 - Jogam Pretas - (Vale 08 pontos)

Teste 11

Lance 14 - Jogam Brancas - (Vale 03 pontos)

Teste 12

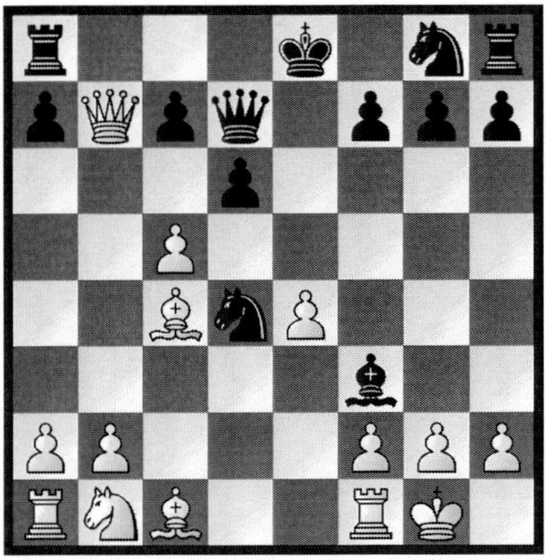

Lance 10 - Jogam Pretas - (Vale 01 ponto)

RESPOSTA: TESTES

Testes 01–12

Fox, A - Hodges
Nova Iorque, 1937

Teste 01: **11...♕xh1??** [11...♘xe5! (2 pontos) 12.♖xa1 ♘xd3 (1 ponto) 13.♕xd3 ♗d7-+. As pretas sacrificam a dama, ficam com o par de bispos e eliminam o bispo branco que controlava a diagonal a6-f1] **12.♗g6+!+− hxg6 13.♕xg6+ ♚d8 14.♘f7+ ♚e8 15.♘d6+** [15.♘g5+ ♔d8 16.♘xe6#] **15...♚d8 16.♕e8+ ♘xe8 17.♘f7# 1-0**

Fleissig, B - Schlechter,C
Viena, 1895

Teste 02: **14.♕xa8??** [14.♕xb7! (1 ponto) 14...♖d8 15.♗f4! (1 ponto) (Se *15.♕xe4? ♘f6+! 16.♕d3 ♖xd3+! 17.exd3 ♗xg1! 18.♖xg1 ♕b6 19.♖h1 ♘g4!∓)* 15...♔f8 16.♕xe4 (1 ponto) 16...♘c5+ 17.♕d3 ♘xd3 18.exd3 ♕xb5 19.♗c1⩲. As brancas sacrificam a dama pelo par de cavalos com o objetivo de eliminar o ataque e ficar com o par de bispos para defender a posição.] **14...♕xb5-+ 15.♗f4 ♕d5+ 16.♔c1 ♗e3+ 17.♗xe3 ♘f2! 0-1**

Capon, C - Taylor,I
Inglaterra, 1889

Teste 03: **14.♗xd3??** [Se achou o empate já está bom com 14.♕xh8+ ♔e7 15.♕xa8 dxe2 16.♗a3 *(16.♗b2 ♘f3+! 17.gxf3 ♘g5=)* 16...♘f3+! 17.gxf3 ♘g5= (2 pontos); se também ousou pensar que está melhor, excelente com 14.♗g4!! (2 pontos) 14...♔e7 *(14...♖f8 15.g3!±)* 15.g3!± (2 pontos)] **14...♘f3+! 15.♔h1** [15.gxf3 ♔e7! 16.♗b2 *(16.♗xe4 ♖ag8-+)*

16...♖ag8 17.♗xe4 *(17.♖ae1 ♖xg7+ 18.♗xg7 ♕g5+ 19.♔h2 ♕xg7-+)* 17...♖xg7+ 18.♗xg7 ♖g8 19.♖fe1 ♖xg7+ 20.♔f1 ♔d7-+] **15...♕xf2!! 16.♕xh8+ ♔d7 17.♕g7** [17.♕xa8 ♘g3#] **17...♕g1+ 18.♖xg1 ♘f2# 0-1**

Book, Eero - Rasmussen
Helsinki, 1934

Teste 04: **21...♕xa1??** [21...♕b2+! (2 pontos) 22.♔e3 *(22.♔f3 ♕f6+ 23.♕f4+ ♕xf4+ 24.♔xf4 ♖f8 25.♖c1+ ♔d7 26.♘f3⩲; 22.♔d3 ♘d7 23.♕d4 ♘c5+ 24.♔e3 ♕xd4+ 25.♔xd4 ♖hf8 26.♘g5 ♖xf2 27.♘1f3 h6 28.♔e3 ♖xg2 29.♘f7⩲* Δ ♘3e5*)* 22...♕c3+ 23.♔e2=] **22.♕c2+! ♔d7** [22...♔b7? 23.♘d6+ ♔a7 24.♕c7#] **23.♘f3!** (a dama branca coordena o ataque com o par de cavalos) **23...♕xh1** [23...♖c8 24.♘3e5++−; 23...♕f6 24.♘3e5++−] **24.♘3e5++− ♔e7 25.♕c7+ ♔f6 26.♘g4+ ♔f5 27.♕e5+ 1-0**

Stejskal, Drahoslav - Ferenc
Tchecoslováquia, 1962

Teste 05: **16...♘xe4!** (2 pontos) **17.♕xg7** [As brancas ficam com um peão a menos nas variantes 17.♕c4 ♘xd2 18.♔xd2 e6-+; 17.♕b3 ♔d7-+] **17...♕xd5!** (2 pontos) **18.♕xh8+ ♔d7 19.♕xb8 ♕xd2+!** (2 pontos), com ataque de mate! **0-1**

Huebner, R - Bleul
Colônia, 1958

Teste 06: **16...♕xh1??** [16...♕b2! (2 pontos) 17.♖b1 ♕a3 (1 ponto) 18.g4 *(18.♘e4 ♕a5+-+)* 18...e5 19.♕xe5 d6-+ abre a diagonal para o bispo preto e consegue a casa c5 para a dama preta] **17.♘e4!+− ♖f8 18.♕xf6+ ♔h6 19.♕h4+** [19.g4+− Δ g5] **19...♔g7 20.♘g5?** [20.♕f6+ ♔h6 21.g4+− Δ g5] **20...**

h6?? [20...♕a1 21.♕xh7+ ♔f6 22.♘e4+ ♔e7 23.♕h4+ ♔xf7 24.♕h7+ ♕g7 (24...♔e8 25.♕xg6+ ♖f7 26.♕g8+ ♔e7 *(26...♖f8 27.♕g6+=)* 27.♕g5+=) 25.♘d6+ ♔f6 26.♘e4+ ♔f7=] **21.♕d4+!** O jovem Huebner, então com 9 anos de idade, ganhou esta partida em uma posição perdida no diagrama. **1-0**

Schifferdecker, Wilhelm - Strauss
Alemanha Ocidental, 1956

Teste 07: **12.♘xe6!!** (2 pontos) **12...fxe6** [12...♗xe6 13.♗b5+! axb5 14.♖xa1 gxf6 15.♘xb5± Δ f5 (1 ponto); 12...gxf6 13.♘c7+ ♔d8 14.♘xa8± Δ ♘b6 (1 ponto)] **13.♗e2!+–** Δ ♗h5+ (2 pontos) **1-0**

Bernstein - Tartakower, Saviely
Paris, 1937

Teste 08: **10...♗b4+!** (2 pontos) **11.c3** [As variantes secundárias não são importantes por deixar o cavalo sem defesa: 11.♘d2 ♘xd4-+; 11.♘c3 ♘xd4-+; 11.♗d2 ♘xd4-+] **11...♘xd4!** (2 pontos) **12.♕xa8+** [12.0-0 ♘e2+ 13.♔h1 0-0-+] **12...♔f7 13.♕xh8** [ou 13.♕b7 ♘c5!] **13...♕b5!** (2 pontos) **0-1**

Szmetan, Jorge - Frey, Kenneth
Bogotá, 1977

Teste 09: **14.♘b5!+–** (2 pontos) **14...♗xb2+ 15.♔xb2 ♕xd1 16.♘c7+ ♔d8 17.♗d3** [(1 ponto) se indicou 17.♗c4 ou 17.♗e2, pois estes lances de bispos são os mais fortes na posição, preparando a tomada em a8 se a dama voltar para d7.] **17...♕xh1** [17...♘f5 18.♕xe4 ♕xh1 19.♘xa8 ♘xg3 20.♕e5!+–] **18.♕d4+! ♘d5 19.♕xh8+ ♔e7 20.♕e8+ ♔f6 21.♕e5+ ♔g6 22.♗xe4+ f5 23.♕e8+ 1-0**

Strautmanis, Augusts - Palau, Luis A
Haia (ol), 1928

Teste 10: **14...♘f6** [ou 14...♘h6 (1 ponto)] **15.♕xh8 ♘g4** (1 ponto) **16.♕xg7+** [Deve-se analisar a inversão de lance por causa da importância de uma subvariante 16.♘f3 e4! 17.b5 *(17.♕xg7+ ♗e7!,* com a mesma posição da partida*)* 17...♘e7!-+ (2 pontos)*(*Se *17...exf3?? 18.bxc6+! ♔xc6 19.♕a8+=)*] **16...♗e7!** (2 pontos) **17.♘f3 e4!-+** (2 pontos) **18.♘e5+ ♘cxe5 19.♗f4 ♘f3+ 20.♔h1 ♘fxh2 0-1**

Cooper - Katz
Inglaterra, 1950

Teste 11: **14.♘xc6+??** [14.♘f7+! (2 pontos) 14...♔e8 15.♘xh8+- (1 ponto). As brancas conseguem coordenar a defesa com a torre por a3 ou o bispo por c4 e o rei branco com a fuga c2-b1.] **14...♘xc6-+** [As pretas são ajudadas a ativar a peça que faltava para o ataque] **15.♕xa8+ ♔c7 16.♕xh8 ♘d4** [16...♕e1+ 17.♔c2 ♘b4+ 18.♔b1 ♘d2#] **17.♕xg7+ ♔c6 18.♗d3 ♕e2+ 19.♗xe2 ♘f2# 0-1**

N. N. - Perigal, George
Londres, 1843

Teste 12: **10...♕g4!** (1 ponto) **11.♕xa8+ ♔e7 12.♗g5+ ♘f6 13.cxd6+ ♔d7 0–1**

PONTUAÇÃO

Pontuação: Testes 01–12

01–30 pontos: leia o livro novamente com mais atenção, visando fixar melhor as ideias e como calcular as variantes com mais precisão.

31–40 pontos: continue estudando para aperfeiçoar o cálculo de variantes e a visão combinatória.

41–50 pontos: parabéns, pois você domina com maestria o tema do sacrifício de duas torres e calcula muito bem as variantes.

Bibliografia

DVORETSKY, Mark & YUSUPOV, Artur. Secrets of Opening Preparation. Zurique, Edition Olms, 2007.

KASPAROV, Garry. How Life Imitates Chess: Making the Right Moves from the Board to the Boardroom. New York, Bloomsbury, 2007.

SEIRAWAN, Yasser & MINEV, Nikolay. Take My Rooks. Seattle, International Enterprises, 1991.

TARTAKOWER, Saviely & DU MONT, Julius. 500 Masters Games of Chess. New York, Dover Publications, 1975. (edição em volume único).

COMPLEMENTAR

ECOs (A, B, C, D, E). Belgrado, Sérvia.

Símbolos

♔	Rei
♕	Dama
♖	Torre
♗	Bispo
♘	Cavalo
0-0	Roque pequeno
0-0-0	Roque grande
x	captura
+	xeque
#	xeque-mate
1-0	vitória das brancas
0-1	vitória das pretas
½-½	empate
!	lance bom
!!	lance brilhante
?	má jogada
??	erro grave
!?	lance interessante
?!	lance duvidoso
+−	vantagem decisiva das brancas
-+	vantagem decisiva das pretas
±	vantagem clara das brancas
∓	vantagem clara das pretas
⩲	ligeira vantagem das brancas
⩱	ligeira vantagem das pretas
=	igualdade
∞	posição com jogo incerto
=∞	com compensação pelo material sacrificado
⇄	com contrajogo
→	com ataque
↑	com iniciativa

⧉	par de bispos
⧉	bispos de cores opostas
Δ	com ideia de
⨀	zugzwang
○	vantagem de espaço
♂	peão passado
□	única jogada
×	ponto débil
⊥	final
(ol)	olimpíada
corr.	partida por correspondência
N	Novidade

Impressão e acabamento
Gráfica da Editora Ciência Moderna Ltda.
Tel: (21) 2201-6662